How to do a job well

如何做好一份工作

职场高效赋能手册

朱玥 著

国际文化出版公司
·北京·

图书在版编目（CIP）数据

如何做好一份工作：职场高效赋能手册 / 朱玥著
. -- 北京：国际文化出版公司, 2021.1
ISBN 978-7-5125-1243-6

Ⅰ. ①如… Ⅱ. ①朱… Ⅲ. ①职业选择—通俗读物
Ⅳ. ①C913.2-49

中国版本图书馆CIP数据核字（2020）第175101号

如何做好一份工作：职场高效赋能手册

作　　者	朱　玥	
责任编辑	宋亚晅	
统筹监制	蔡荣建	
策划编辑	孙明芳	
出版发行	国际文化出版公司	
经　　销	全国新华书店	
印　　刷	北京柯蓝博泰印务有限公司	
开　　本	880毫米×1280毫米	32开
	9印张	200千字
版　　次	2021年1月第1版	
	2021年1月第1次印刷	
书　　号	ISBN 978-7-5125-1243-6	
定　　价	42.80元	

国际文化出版公司
北京朝阳区东土城路乙9号　　邮编：100013
总编室：（010）64271551　　传真：（010）64271578
销售热线：（010）64271187
传真：（010）64271187-800
E-mail：icpc@95777.sina.net

自序

掐指一算，自己工作至今，已经将近十五年了。

想起第一次面试，面试官在面试快结束的时候，问我有没有什么问题。我当时觉得不问问题很不礼貌，于是问他："请问，您贵姓啊？"

面试官愣了一下。是啊，我的这次面试完蛋了。

后来，在入职第一家公司的最初阶段，也是状况不断。不知道复印机怎么使用，同一份合同装订错好几次，转接电话的时候总是直接挂断……这样想来，真的很心疼那时的老板啊！

时间过得张牙舞爪，光阴逃得死去活来。好在摔过很多跤，掉过很多坑之后，自己终于活成了一只打不死的小强。

我有点懒，嗯……还有点馋。如果非要厚颜无耻地说自己有什么优点，那应该就是喜欢学习吧，当然这也是建立在对自己的知识和技能不满足的基础上的。好吧，这也可以算一个优点。

前两年，我自考了心理咨询师证书。都说学心理学的人不太正常，对于这点，我挺认同的，而且我觉得每个人在别人的眼中其实都不正常，比如有的人特别喜欢Hello Kitty，有的人非常讨厌虫子，有的人特别害怕坐飞机，还有的人发朋友圈的图片一定不能空一张……这个世界从来没有对于“正常”的统一标准，所以我们每个人都“病”得不轻，并且乐在其中。

学习心理学的目的，不是让人成为神，而是让想要成为神的人愿意成为人。就像我在这本书中说的一样，当我们能够意识到自己正在如何思考和行动，真正的改变就发生了，而这所有的一切，首先是建立在我们对自己各种“不正常”的接纳上的。

如果说心理学是从过去的角度，为摆脱人们存在的困扰而发展出来的学问，那教练技术就是站在当下去着眼未来，使人找到解决问题的办法的学问。教练技术是以目标为导向的，当你知道自己想要成为一个怎样的人，想去到哪里之后，你就可以用自己的智慧走出当前的困境。教练技术始终相信，每个人都拥有解决问题的一切资源。

在这本书中，我分享了很多职场的实用方法和技巧，都是我摸爬滚打、舍生取义后学到的，相信一定会对你有所帮助。但是，必须要说的是，因为我不喜欢把书中的内容作为严肃的课题，像唐僧似的告诉你要这样，不要那样，所以相信你读起来会很轻松，但也正因如此，才希望你能留意读过的所有信息，真正地去思考，并在工作和生活中进行实践。

因为不管什么方法，只有真的去用才会获得成长，毕竟，“没有用”就等于“没用”。唯有行动，才能解除我们所有的焦虑。

写字这件事，我一直在坚持。先是在简书平台，然后是在自己的微信公众号，后来开始投稿。

在投稿的过程中，我认识了独舞姑娘，一个独自在墨尔本打拼的姑娘。几篇稿子通过后，她说很喜欢我的文字，于是把我的文章推荐给出版社的编辑，就这样，有了这本书。

我承认我的努力，我也承认我的幸运，但这一切的前提是我真的渴望。就像我很喜欢的《牧羊少年奇幻之旅》中的那句话：当你全心全意梦想着什么的时候，整个宇宙都会协同起来，助你实现自己的心愿。

对于热爱的事，我相信我们每个人都一样。之所以坚持，是因为我们每个人都有一种信念，一种对说不清会不会到来的未来和梦想万死不辞的信念，而未来到底会怎样，梦想是否会实现，是需要执着走下去才会知道的。

这本书完成了，我也开始思考自己下一步的行动了。可能会再写一本书，可能会做不同主题的微课或线下课，可能重新拾起被我冷落的公众号，也可能在“在行”做一对一的咨询。不管我们再见面的方式是什么，我都会保证自己的每一个成品都是精品，都能使你因为我毫无保留地分享而受到启发，找到方法，有所收获。这就是我一直坚持的初心。

感谢所有看过我公众号文章、私信告诉我自己的故事、找我做过教练或咨询，以及在看这本书的每一个人。虽然我们素未谋面，但感谢你们一直都在以各种方式，给予我支持和力量。

感谢@遇见独舞，因为你最初的“看见”，我的文字才得以通过这样的方式被大家看见。感谢蔡荣建老师对这本书给出的建议，以及每次温暖有爱的沟通。感谢为这本书的出版而付出的每一个人。

感谢我的老公，每当我想偷懒的时候，他都会化身为鞭策我的天使，抢走我的零食和手机。没有他“送死式”的监督，我想我不会这么快完成这本书。感谢我的家人，在我需要支持的时候，他们总能毫无怨言地挺我。

最后，感谢我的果爷，因为有他，我的每一天都很快乐。

往事已在身后，未来的每一天都将是全新的。愿我们每个人都心中有光芒，身上有铠甲，在这仅有一次的人生旅行中，成长为更好的自己。

目录

contents

第一章　你的心理是怎样影响你的工作的

一、你的工作状态，就是你的心理状态 / 002

二、你的潜意识，让你成为你 / 008

三、你所谓的“自尊”，正在毁灭你 / 014

四、职场上常见的七种心理防御机制 / 021

五、总想改变是一种病，得治 / 027

六、拖延不可怕，可怕的是你的僵化思维 / 033

七、如何活成自己讨厌的样子？只想不做啊！ / 038

八、三个方法，帮你跳出工作低迷期 / 044

第二章　职场，离不开“关系”

一、人与人之间的四种相处模式 / 052

二、“好人”做了这么久，你一定难受得想死吧？ / 058

三、如果对方总是指责你，你应该这样做 / 065
四、这个世界，欠所有内向的人一句道歉 / 071
五、你连倾听都不会，就别谈什么沟通了 / 076
六、关于沟通，给你不走寻常路的四种模式 / 082
七、该怎样和上级沟通？给他讲故事啊 / 089
八、积极主动思维模式，扩大你的影响圈 / 095
九、产品思维：将别人忽略的变成你的优势 / 102

第三章　NLP 教练技术：让你遇见未知的自己

一、大脑工作原理 / 112
二、三脑合一：用不一样的方法，理解你自己 / 118
三、逻辑层次：帮你重新找回动力 / 124
四、如何成为你想成为的自己 / 131
五、神经可塑性：关于大脑，你最应该知道的 / 137
六、问对了问题，一切将不是问题 / 142
七、学会自我提问，解决 90% 的职场问题 / 148
八、GROW 模型：用结构化问题，完成自我教练 / 154

第四章　学习力：职场核心竞争力

一、你是在思考，还是想太多 / 162
二、用意志力实现自律？别逗了 / 167
三、在这个充满干扰的时代，如何提升自己的专注力 / 173
四、优秀，从来不是靠拼勤奋 / 180

五、元认知：别让肤浅的学习委屈了自己的努力 / 185
六、碎片化学习，是路也是坑 / 190
七、如何建立自己的知识体系 / 197
八、刻意练习：用正确的方法，实现职场跃迁 / 203
九、如何实现高效阅读 / 209
十、给你四个最快速有效的记忆方式 / 216

第五章 在职场，不得不说的那些“小事”

一、怎样成为更好的自己？先成为更好看的自己啊 / 224
二、时间管理：如何成为一个高效的人 / 229
三、公开演讲都不行，你拿什么混职场 / 235
四、职场整理术：让你告别混乱，轻装前行 / 242
五、想提高职场沟通力？先跳过这几个坑再说 / 247
六、用这样的方式开会，让你瞬间脱颖而出 / 252
七、如何成为一名自由又有财的斜杠青年 / 259
八、写作变现：一切没有你想象的那么难 / 265
九、终身学习 / 272

第一章

你的心理是怎样影响你的工作的

一、你的工作状态，就是你的心理状态

01

上周末，我组织了一场关于职业规划的分享沙龙。

在茶歇的时候，有一枚小鲜肉找到我，希望我可以帮他解决目前工作上的一些苦恼和困惑。

他一直说一直说，直至茶歇结束，我眼睁睁地看着最喜欢的那块蛋糕被别人吃掉了。

好吧，为了证明我其实真的有非常认真地听他说话，我大概总结一下他的状态：

工作了几年，好像做了很多，仔细想想又好像什么都没干。

不停地努力，却越努力越焦虑。

感觉像是拖延癌晚期，抓狂到想要逃离地球。

无数次想怒怼那个讨厌的同事，但无数+1次地忍了。

想涨薪，草稿在心里打了一万遍，却还是不知道如何开口。

想辞职，可是又很害怕面对未知和改变。

小鲜肉说自己最近的工作状态特别糟糕，整个人好像被什么卡住了。

我说："那你该减肥了。"

他赶紧举起手里的饼干："那这个……我还吃吗？"

当我们工作不在状态，做事感觉不对，常感纠结迷茫的时候，

其实并不是工作状态本身出了问题。我们应该透过工作，去关注我们的心理状态，这是一个去繁就简、回归本质的“减肥”过程。

02

所有对工作状态的不满，本质上都是对自己的嫌弃。

不知道从什么时候开始，嫌弃自己变成了一件特别正常的事。就好像，这年头，如果谁不嫌弃自己，都不敢出来混。

我们来做一个实验，请拿出纸笔，一分钟内，在左侧写下你的优点，在右侧写下你的缺点。

时间到！

你的优点是几个？缺点是几个？面对这两列，你对哪边的感受更强一些呢？

看到你对自己的嫌弃了吗？我们想改变，想优秀，想更好，一旦事与愿违，我们就会有深深的挫败感。

还有些人，自己其实真的没有想过要那么优秀，但是又认为自己应该优秀。于是就一边给自己呐喊助威，一边又问自己究竟为什么这么拼。就这样，“间歇性踌躇满志，持续性混吃等死”模式开启了。

我们是如何习得了这种自我嫌弃的本领呢？

心理学家弗兰克说过：**生命中最不幸的一个事实是，我们所遭遇的第一个重大磨难来自家庭。**

婴儿时期的我们，对自己的认知是空白的。在我们长大的过程中，父母逐渐让我们意识到“你不好，我们不喜欢这样的你”。

你考试不及格，他们会气急败坏。你没考满分，他们会质问扣掉的分是怎么回事。你考了满分，他们会告诉你不要骄傲。

我们的父母教会我们的是，不许你看见自己的好，你必须要时刻紧盯自己的不好。

于是，我们对“用评判杀死自己”这件事乐此不疲，因为我们发现，只有自己不优秀的时候才会被父母看见。所以，我们不能优秀，因为一旦优秀了，父母就不理我们了。

对潜意识来说，坏关系也好过没关系。

我们每日不断地三省吾身，用父母的眼睛挑剔自己，而且收获颇丰。

一个人选择什么，就会看见什么。相信什么，就会得到什么。

加班到深夜，结果工作还是没有完成。你责怪自己为什么效率这么低，可是你却没有看见那个尽职尽责，整宿努力，连夜宵都没有吃的自己。

面试了三家公司，都以被拒告终。你痛恨自己为什么这么没用，却没有看见那个愿意跳出舒适区，哪怕会面临失败也在挑战的自己。

工作因为马虎出错，boss把你叫到办公室迎头痛批。你埋怨自己为什么如此不认真，却没有看见那个因为又做了一件事，而日渐成长的自己。

你们看，这世上应该没有人比我们对自己更残忍了。

03

我们从父母那里习得了标准、评判和规则。

当我们的言行符合父母的这些期待的时候，我们就会获得认可和表扬；当我们的言行和他们的期待不一致的时候，我们就会得到指责或冷漠。

于是，我们很早就学会了：只有当我好的时候，我才是被爱的，我的存在才是有价值的。可是，这样的时候太少了，我们更多的时候都在被批评、被指责。渐渐地，我们就形成了这样的假设：我是不好的。

工作上发生的一点点事情，都能被我们用高倍放大镜，外加地毯式搜索找到，然后无限扩大，直到开始对自己人身攻击，才算圆满完成任务。

觉得自己优秀不好吗？

觉得自己很好不好吗？

觉得自己牛牪犇不好吗？

好，但是这样的感觉对我们来说太陌生了。

划重点了：**潜意识只喜欢安全和享受，当这两者发生冲突的时候，潜意识会优先选择安全。**

安全是什么？安全就是熟悉啊。那种被挑毛病、被指责的感觉对我们而言简直太熟悉了！即便我们现在已经身高八尺，腰围也是八尺，却依旧在熟悉童年的感受。

即便他人真的给了我们很多认可，我们也不觉得有什么。只要发现一点对自己的不满意，我们瞬间就全副武装，随时准备“杀死”自己。

04

之前，身边很多人被《延禧攻略》霸屏了。我想，这部剧之所以有那么多人喜欢看，是因为魏璎珞活出了许多人没有活出的自己。

你们看，魏璎珞对自己从来没有过批评、指责、埋怨、否定啊！所以她在做事情的时候才会全心投入，专注当下。在挑战每一个工作的时候，才会发挥最佳创意。在面临危机的时候，才会快速地想到破解办法。

心理动力论将人的精神分为三大部分：本我、自我和超我。

当我们将自我所有的力量用在本我与超我的对抗上的时候，哪儿还有额外的精力去在工作上专注和创造呢？

所以，如果你想唤醒那个全新的自己，你应该：

（1）看见

如果一直以来，你都特别想改变自己的话，那么，跟我一起默默念三遍：

我想改变现在的自己。

我想改变现在的自己。

我想改变现在的自己。

你感受到一种莫名的悲伤了吗？

我们究竟有多讨厌自己，才总想着改变？我们手拿剃刀，每天挫骨削皮，企图可以屈身进那个叫作“优秀”的模子。

你，看见那个受伤的自己了吗？

（2）接纳

“接纳”这个词看起来格调还是蛮高的，导致许多人误解了“接纳”的意思。“接纳”不是要我们每天对着镜子催眠自己：加油，你是最棒的！也不是要我们自我欺骗，不管怎样都可以。

接纳自己，就是不攻击自己，就是承认自己的有限性。

接纳是基于相信的：

相信即便你没有自己期待的那么优秀，别人也不会因此而嫌弃你。

相信不管你是怎样的你，也总有人会喜欢你。

当你停止了自我攻击，就可以开始爱自己了。

（3）觉察

你们有没有想过，到底什么是所谓的“我”呢？

我是我的观察者。

当你明白了这点，你的世界将会是全新的。

所谓的觉察，不是我不委屈，不焦虑，不可以生气，而是我知道我在委屈，在焦虑，在生气。

我们的思维总是习惯凡事归因，所有的事都需要找出一个理由。当我们学会了觉察，就可以将注意力重新集中在自己身上。

就像《正念》中所说的，专注工作，保持警觉和清醒，随时准备好应对任何可能发生的状况，这就是正念。

如果我们只是做好了表格，完成了项目，销售了商品……那么我们每天的生活就像应付差事一样，我们自己也好像从来没有真正存在过。

《幸福的方法》有一点说得特别好：幸福的对立面不是不幸福，而是麻木。

当我们的一切行为成为程式化的习惯反应后，我们就陷入了迷茫和痛苦。

保持觉察的方法有很多，不用棒棒糖来交换我也可以告诉你：

身体扫描：每天临睡前选择舒服的姿势，试想有一束光正在扫描你的身体，从脚趾开始直到头顶，它经过每一个部位，除此什么都不需要做，只是去感受你的感受。

关注呼吸：刻意地去观察自己的呼吸，随顺你的呼吸，什么也不需要想，只是去呼吸。

全神贯注：将一块巧克力捏在指尖，感受它的温度和手感，感受它融化时的滑腻，然后闻一闻它，放进口中，感受它在你的口中一点点地融化，什么都不想，慢慢地吃完它。

（4）爱自己

当我们不够爱自己的时候，才需要别人来爱我们，可是得到别人的认可好难啊！于是我们就把自己搞得很焦虑，焦虑到工作根本进行不下去。

乔布斯曾说过，有创造力的人其实并没有真的去做什么，他们只是看到了什么。创造力不过是和事物建立联系罢了。

和事物建立连接的前提是，你得先和自己连接：

我现在的工作让我开心吗？让我觉得有意义吗？

我最希望通过这份工作满足自己什么期待呢？

我现在的状态怎么样？我的感受是什么？

面对现在的状态，我最大的需求是什么呢？我可以从哪里获得满足？

你会发现，当你搞清了自己之后，工作上所有的问题就不再是问题了。你可以选择各种方式去做，去尝试。有时你做得很顺利，有时你搞得很糟糕，但那又怎样呢？这一切多有意思！

当跳出了“非好即坏”的假设，你就重新找回了自己的力量。

世界是个游乐场，祝你玩得开心，不虚此行！

二、你的潜意识，让你成为你

昨天，我被老板批评了，因为我忘记了一个例行会议。

说实话，这个会议已经阶段性开了很久，但我总觉得和我的工作交集不多。为了5分钟的内容，却要在那里坐上2个小时，对我来说是一件特别折磨人的事。

这次会议通知的邮件我是提前三天收到的，我大概看了下就把它关掉了。

然后，奇迹就发生了：我在没请假，没通知，没交接出席代表人的会议当天，外出培训去了。更奇迹的是，这件事我是真的不记得了，完全忘在了三界之外。

我想了很多理由来防御因为错误而带来的自责：手头的事太多了，会议通知发得太早了，邮件系统该升级了……

在七又四分之三分钟后，我终于知道了。其实原因很简单，就是——我不想参加。

因为我实在是太不想参加这个会了，我的潜意识捕捉到了我的感受，并凭借让我遗忘忠诚地保护了我。在此，请允许我向它致以哭笑不得的谢意……

你们最近有遗忘什么事情吗？如果有，你真的需要好好去看看自己的内心，或许你遗忘的那些事，根本就是你不想做的。

潜意识，即答案。

我们所有的经历、经验、能力之所以会是今天的样子，全都是由我们的潜意识实现的。

（1）什么是潜意识

潜意识是相对于意识来说的，是我们不能认知或没有认知的那部分。举几个例子：

现在，请起身走几步。你会思考是先迈左脚还是右脚吗？

一直以来，你坚定的信念是什么？

当你忘了老婆的生日走进家门的时候，你会感觉到恐怖的气息吗？

这些就是潜意识。

用弗洛伊德的冰山模型解释就更容易了，我们的行为和应对方式只是冰山那10%的外显部分。

泰坦尼克号之所以完蛋，是因为它撞上了冰山90%的底层，也就是我们的潜意识。这包括我们的感受，感受的感受，观点，期待，渴望和自我。

我们不停地学习充电，各种微课线下课不惜重金，加班加点习以为常……一直以来，我们也都只是在冰山的上层努力。

然而，真正影响我们的是隐藏在下面的那部分。

如果你有过心理咨询经验就会发现，咨询师所做的一切事情，就是让你的潜意识浮出水面，被你看见。

关于潜意识对人的影响，心理学家荣格说："你的潜意识指引着你的人生，而你称其为命运。当潜意识被呈现，命运就被改写了。"

（2）潜意识的特点

1）潜意识非常强大

世界潜能大师博恩·崔西曾经说过："潜意识的力量比意识大三万倍以上。"

我们的大脑每秒运行10000亿次，几十万亿个身体细胞每秒完成几十万亿件事。你们看，和我们相比，计算机简直逊爆了啊！

事实上，我们全部的行为和想法中，由意识控制的只有2%～4%，其余的96%～98%都是由潜意识完成的。

起立，向潜意识三鞠躬。

2）潜意识受意识影响

《潜意识的力量》里说到，我们的生活有两个方面，既是客观的又是主观的，是我们思想的集合又是思想在外在环境中的体现。

我们的大脑皮层负责推理，当我们的想法作为一种信息被大脑完全接受，它就会被传递到潜意识，成为我们身体的一部分，然后被付诸实践。

3）潜意识永不停歇

我们的潜意识永远处在工作状态下。即便我们已经睡得像猪，我们的潜意识还是不知疲倦地控制着身体的各项机能：血液供给，心脏跳动，食物消化，呼吸脉搏……

所有这些不需要我们的意识，我们的意识也根本控制不了。

4）潜意识无法区分想象和事实

因为潜意识没有推理功能，所以不会对我们告诉它的事情进行分辨。不管我们向它提供什么错误信息，它都会全盘接受，并会发挥影响，让这些成为事实。

社会心理学有个专业术语，叫作“自我实现预言”，是指我们会根据自己的预言做出行为和反应，从而使预言成真。

心理学家罗森塔尔曾到一个学校做调查，然后告诉老师他发现其中的18名学生智商更高，其实这18名学生只是随便乱选的。可是，后来这18名学生成绩直线上升，并且越来越优秀。

你们看，当我们有了一个信念，不管是积极的还是消极的，潜意识都会不遗余力地帮我们实现。

就像爱默生所说的：**一个人整天想着他是一个什么样的人，他就会是一个什么样的人。**

5）潜意识听不懂否定词语

“否定”这个概念本身是逻辑层面的，而逻辑属于思维和意识，不属于潜意识，所以潜意识听不懂。

在我们不断强调“不要怎样”“不能怎样”的时候，潜意识接收的只是“怎样”，而对“不”就自动忽略了。

下面，见证奇迹的时刻来了：请大家千万不要去想一头穿着比基尼的粉色大象！

你想到的是什么？不要害羞，快跟着我一起大声地喊出来！

所以，你会发现：

当你对同事说“这件事千万别忘了啊！”之后，他就真的忘了。

当你对小朋友说“别跑了！”之后，他就跑得更欢乐了。

（3）如何有效利用潜意识

既然我们现在的状态是我们自己创造的，我们就可以利用和改变它：

1）输入正面信息

我们对自己最残忍的地方就是我们总喜欢给自己贴标签，“我不行”“我没用”“真倒霉”……我们每想一次，都是在强化我们的潜意识。

在这点上，我最喜欢的一句话是：Life isn't about finding yourself，life is about creating yourself.（人生不是发现你自己，而是去创造你自己。）

2）反复观想你想要的结果

观想，是指清晰有细节的想象。不同于普通的想象，观想需要反复地练习。当你把你的目标具体化到你的观想中，你的潜意识就会接受你的蓝图并帮你去达成。

柯维博士在《高效能人士的七个习惯》中讲道，任何事物都会经过两次创造，第一次是头脑中，第二次才是行动。

所以，如果你想晋升，就去想象你的老板、同事和爱人正在为你庆祝的样子，他们的表情是怎样的，是什么手势，会说些什么。你要反复去想，像真的看到一样。

3）真实地表达需求

持续加班不敢拒绝？那么，只要坚持到你身体完蛋就可以了。

潜意识不容被忽视，如果你有需求，就如实表达。否则，被压抑的需求就会经由情绪来表达，或向外损害关系，或向内攻击自己。如果连情绪表达都没有用，我们就会用身体表达，几乎每一种疾病，都对应一种未能满足的需求。

4）专注

当一个人完全沉浸在一件事上的时候，会进入心流的状态。

米哈里在“心流”概念的基础上，建立了最优体验的理论，即当你处于最优体验时，你会感到无比欣喜，觉得有能力控制自己的行动，主宰自己的命运，而不被莫名其妙的力量牵着鼻子走。

专注，从两小时内不点亮手机屏幕开始。

5）向睡眠下订单

弗洛伊德说，梦是通往潜意识的桥梁。

当你处在睡眠状态中，意识在很大程度上就被淹没了，潜意识会最大限度地浮出表面。

你最近有没有迫切想要解决的问题？

在每天临睡前，选择一个舒服的姿势，放松身体，在心中反复对潜意识说：“对于某件事，我需要想出一个办法，请帮助我。”然后，潜意识就会用它的方式给你答案。

你觉得这样说好像有点扯？

好吧，化学家凯库勒在马车上睡着后，发现了苯环的化学结构。波恩在睡觉的时候，发现了量子力学的雏形。自然科学家路易斯·阿加西斯在睡梦中画出了鱼化石结构图。加拿大医生班廷博士在梦中被告知，狗的退化胰腺管中提取的残液可以治疗糖尿病。

不说了，我要去睡觉了。

最后，讲个睡前故事吧：

几百万年前，众神们聚集在一起讨论应该把智慧藏在哪里，好让人们通过努力才能找到。有的说："藏到最高的山上吧！"众神反对："人类最终会爬上最高的山。"

有的说："藏到大海深处去吧！"众神反对："人类总会有办法到大海深处去。"

最后，一个神说："人类最想不到的地方是他们自己的内心里，就藏在那里吧。"

众神点头。

我们每个人都是一座宝库，里面蕴藏着无尽的资源。

所有的改变，源于看见。

三、你所谓的"自尊"，正在毁灭你

01

在你们身边，有没有谁让你们又爱又恨？

我有。

新入职的工程师大有入职以来，表现就一直特别好。每次培训的参与度极高，互动环节的回答精准有料。对工作极其投入，从没早于晚上八点离开公司。而且，他真的很帅，帅到我已经开始密谋授予他为我带早饭的权利了。

因为他实在太优秀了，所以我决定不能放过他。

公司参加校园双选会之前，我问他："我和你们经理沟通了，由你和我们一起去校招，怎么样？"

我以为他会抱着我的大腿感激涕零。结果他说："我？我才来没多久，不好吧……"

公司筹备年会，我问他愿不愿意以新员工的身份担任主持人。

他几乎没有犹豫地回绝我："啊？我觉得我可不行，主持不好太丢人了。"

公司新人演讲比赛那天，他得了第二名。

我祝贺他的话还没说出来，他就找我求助："我怎么这么差劲，干什么都干不好！"

我真的好想拿把五幺突突他（一枪崩了他）啊！

后来我看到他在某天的朋友圈写道：每天都感到莫名的无力，总是会有挑战，总是会有压力。我越来越觉得自己一无是处，什么都做不好……

一个人自尊水平太低，真的是让人心疼的一件事。我默默地收起了我的五幺。

02

“我最不会点菜了，我吃什么都行，还是你们来点吧。”

“boss把这么重要的工作交给我……唉，我哪行啊！”

“没有啦……其实我没有你说的那么好。”

“表白？算了，我哪配得上人家。”

这些表现的背后都是认为自己不够好，不值得拥有美好的一切。当这种状态发挥到极致，应该就是电影《被嫌弃的松子的一生》里的那句“生而为人，我很抱歉”了。

在《战胜低自尊》一书中，自尊被定义为：“**我们看待自己的方式、我们对自己的想法，以及我们赋予自己的价值。**”这就意味着，我们对自我的评价主要基于：

（1）我们所做的事情是否取得了成功，是否足够牛牪犇（厉害）

当事情成功时，我们就会眉飞色舞地对自身做出评价：“我太棒了，因为我取得了成功！”

但是，当我们没能实现目标成就时，我们会说：“完蛋，又搞砸了，我怎么这么糟糕！”

（2）他人和环境对我们是否认可

如果我们和他人相处融洽，并得到了他人的认可，我们就会将这种模式和自身价值联系起来。我们会对自己说：“我好棒耶！”“哇噢，价值感满满的啊！”

如果我们没能得到其他重要人物的认可，比如我们的爸爸妈妈，我们的男神女票，我们就会认为自己的努力和自己本人都是没有价值的。

那么，大家发现问题了吗？**我们的自尊来源于外界评价或是我们自身的评价——这才是许多问题的根源。**

03

在对“自尊”迫切的渴望下，我们渐渐陷入了一个怪圈，我们会戴着滤镜看自己：

当我们表现好的时候，我们会认为那些实际上名不副实，觉得是自己走了狗屎运，会觉得这些只是暂时的。

我们开始情绪化，我们认为自己什么事情都做不好，也不愿再努力去完成我们希望完成的事情。

同时，我们会为了证明自身价值，处处迎合讨好他人，期望获得他人的认可，哪怕放弃按照自身意愿行动的机会。

真的够了啊！

哲学家罗伯特S.哈特曼在《价值的哲学》里曾写道：**一个人既有对于他人的外在价值，又有对于自己的内在价值。前者取决于你的行为是否符合他人的想法，后者则是因为你是一个活生生的人。**

我们在对自尊的理解上一直以来都是舍本逐末的。

我们不等于我们的行为，我们更不是由自己的行为决定的。

我们不能因为搞砸了一件事，就认为自己是个糟糕的人。不能因为没有谈下一个客户，就觉得自己是个失败者。不能因为一次考试的失利，就断言我们的前途一片灰暗。

我们的价值根本不取决于个人目标的实现啊！我们的内在价值根本就是无法准确评估的好吗？它非常复杂，并一直处于变化之中。

人本主义心理学家埃利斯说：我对生活的态度是，我不是被邀请到这个世界上来的，生活本身并没有意义，而是我给了它意义。我赋予生活意义的方法是，决定什么是我喜欢的，什么是我不喜欢的，什么是我特殊的目标和目的，从而为我自己选择了意义。

我们根本不需要自己或他人赋予我们自尊，一个人可以仅仅因为他是他自己、因为他活着、因为他存在而接纳自己。

在当初赢得了那场以一敌亿的战斗后，我们都是一个有生命的人。

我们存在着，这就是一切的理由。

04

有两种父母会培养出低自尊的小朋友，一种是经常过分夸大化的表扬孩子，一种是从不表扬孩子。

发生过的已经发生，我们的父母有自己的局限，他们在全力以赴下，已经做到最好了。现在，我们已经长大了，长大就意味着我们可以看到问题，并可以学会用成熟的心智改变旧有模式。

下面划重点了，如果你真的自尊水平比较低，那么你可以：

（1）放弃对自身的评价

我们的行为和表现不能代表我们的全部。

当我们选择一个重要的目标后，比如工作或爱情，我们只对结果的好坏和成败做出评价，而不应再对我们自身，对生命的“好坏”进行评价或衡量。

就像哲学家科日布斯基所说，你应意识到你的表现是你的一部分，但不是你的全部。你的表现是由你做出的，在很大程度上需要对其负责，但它只是一次表现，而你的表现很容易随着时间的流逝发生变化（不管是变好还是变坏），而且总是在变化的。

（2）更多的行动

现代科学心理奠基人之一的威廉·詹姆斯提出的自尊方程式：

自尊=成功/自我要求

从方程式可以看出，在我们对自己的要求不变的情况下，我们成功的次数越多，我们的自尊水平就越高。

我们做的事情越多，获得成功的可能性就越大。

我们成功的机会越多，我们获得的正向反馈就越多。即便我们失败了，我们也可以在PDCA循环[①]之后继续行动，直到获得正向反馈。

这很难吗？

兄弟，干，就对了！

（3）改变归因模式

萨提亚心理治疗将关系模式分为三种：自我、他人和情境。

自尊水平较低的人最轻车熟路的方式，就是将一切问题产生的原因归因为自己。他们的经典归因模式是：因为我怎么怎么样了，所以才怎么怎么样了。因为我没怎么怎么样，所以就怎么怎么样了……

请问你经常这样线性思考，自己不觉得特别无聊吗？你有想过另外的维度吗？很多问题的产生，不是我们的原因，至少绝不会全是我们的原因。

比如，一项工作你没有按标准完成。你除了自责自己能力差，效率低以外，你有想过可能是对方的标准本身就不符合SMART原

① PDCA循环又称戴明循环，包含四个循环步骤：计划（Plan）、执行（Do）、检查（Check）、处理（Action）。

则[1]吗？你有想过是电脑运行速度太慢，隔壁装修声音太吵吗？

看到不一样，才会做得不一样。

（4）什么也不做

对啊，就是什么都不用做啊！

要知道，低自尊虽然让我们很多时候很痛苦，但它也有很多好处：

在人和人的交往中，低自尊的人希望获得别人的认同，因此更容易做出让步，会主动放弃一些什么。所以，大家都好喜欢和这样的人做朋友啊！

低自尊的人特别重视别人的意见，当发生冲突矛盾时，会更多地思考是不是自己有bug（缺陷），获得了成长的空间，使自己更加壮大。

低自尊的人非常容易满足，在和别人交往的过程中，特别留心别人的支持和认可，因此特别容易感恩。懂得感恩的人，是很容易快乐的。

如果对抗那么辛苦，你真的可以不改变的。

朋友说读完余华的《活着》，感觉压抑沉重，可我却在书中看到了对生命的积极接纳。活着不为别的，只为活着本身。这就是生命的全部意义。我们应该无条件地接纳自我，就因为我们活着，存在着。

只要一个人还活着，他对于自身就是有价值的。他的内在价值不需要外在价值以任何形式去决定。

要知道，大自然从不重复，就像这个世界上不存在两片相同的

---

① SMART原则由现代管理学之父彼得·德鲁克提出，指绩效指标必须是具体的（Specific）、可衡量的（Measurable）、可达到的（Attainable）、与其他目标具有一定相关性的（Relevant）、有明确截止期限的（Time-based）。

树叶，在我们存在的时代之前不曾有过，以后也不会再有。

你也一样，你的独一无二注定什么都不做也值得被爱。每当你感觉挫败或状态低迷的时候，就想想，还有几十万亿的细胞只为了你一个人而活。

你是好的，因为你存在着！

四、职场上常见的七种心理防御机制

01

敲讲台，对心理学感兴趣的朋友麻烦举下小手啦！

全体通过！

很久以来，特别想和大家分享关于心里防御机制的内容，因为它是我们每个人每天都会使用的自我保护的策略。

长大是件很烧脑的事，在成长过程中，我们学到了很多东西。大到宇宙行星，小到海草。可是，有没有感觉到少了些什么？对啊，从没有人告诉我们应该如何搞清自己。

同事又把烂摊子丢给你收拾，你想爆豆（发火），但最后还是忍了。

上司严肃地把你叫到办公室，你心里马上开始地毯式搜索，是不是自己哪件事没做好？

同事们说你太内向，结果本来只是说话不多的你，最后连下楼抽烟都是自己一个人。

我们就不明白了，为什么呢？然后就开始学习沟通技巧，博弈论，各种工作方法。可是，我们却从来没有向内看看自己究竟发生了什么。

吊诡的是，当我们知道得越多，越发现自己其实什么都不知道。然后，我们就学会了自我管理，不再强求外界。

所以，生命的终极自由，从搞自己开始。

02

弗洛伊德爷爷心理研究的核心之一，就是心理防御机制，因为几乎任何一个行为，都会涉及防御。用电影《超体》里那句话来概括就是："I'm everywhere."

心理学将我们的情绪概括为四种：愉快，气愤，悲伤，恐惧。你们看，不愉快的情绪占到了75%，这个比例本身就已经让人很不愉快了。

所以，我们聪明的人类必须要做些什么让自己不那么难受，不然简直对不住我们这么大的脑袋。于是，我们学会了一种操作：**把那些令我们不愉快的想法和感觉，从意识层面消除。**这就是心理防御。

无论什么心理活动或行为，只要它为我们遮挡了不愉快的情感，它就是防御。

布莱克曼曾用电路来比喻我们的心理防御机制。我们的情感就像电流，当我们感觉到了不愉快的时候：

我们意识到了，并选择"咔"地断开开关，以至于灯泡不会亮起来。这是有意识的心理防御。

我们没有意识到，灯泡亮了，但是电流强度不断加大，我们的大脑功能濒临崩溃，这时断路开关就"砰"地启动了。这是无意识的心理防御。

总之，当我们面临挫折或冲突而焦虑不安的时候，就会不知不觉用某种方式来调整自己内心的冲突，好让自己没有那么难受和痛苦。这就是心理防御机制。

03

年度贺岁大片《职场心理防御》即将开场，请怀抱爆米花的朋友小心脚下台阶！

（1）投射

突然发现，作为一名管理者是一件特别美好的事，因为我们公司的管理者上班不用打卡耶！看在我这么开心的份儿上，你们千万别揍我……

当然，我没有因为不要求打卡就放纵自己，毕竟我是一个严于律己的人。但是，后来我发现运维部经理居然每天快到中午才来上班。

这就很让人气愤了不是吗？要知道，他每天到的时候已经快吃中午饭了啊，他每天都不用像我一样在早高峰挤地铁啊，他每天才工作五个小时啊！简直怒火中烧啊有没有？

所以有一段时间我特别讨厌他，每当迎面走过，我灿烂的笑容里满是鄙夷。我内心的潜台词是：凭什么你每天都这么爽歪歪？我也好想啊！可是我不敢……

你们看，我们讨厌一个人，是因为我们**自己身上有和他一样的特质。但潜意识中，我们认为那种特质是“不好的”，于是我们把这种“不好”投射到他人身上，这样我们就不焦虑了。**

将自己的情感、冲动或愿望归结到另一个人身上，这就是投射。

所以，你们身边有没有一个让你特别讨厌的人呢？如果有，那是因为他身上让你不爽的特质你自己也有，只是这些特质是你做不到、不敢做、不允许自己做的。

（2）移情

移情需要两步：第一步，我们无意识地将以往情境和人际关系的记忆转移到一个当下的人身上；第二步，我们对这个人用曾经使用过的防御方式来应对。

如果一个人特别恐惧领导，那么基本可以断定他是把父亲这个角色移情到领导身上了。因为对幼年的自己来说，父亲就是权威。即便长大了，但每当面对有权威的人，他就无意识地把他当成了自己早年的父亲。

于是你会看到，有的人对领导毕恭毕敬，唯唯诺诺，而有的人对领导无理顶撞，充满仇视。

（3）分裂

之前公司里一名工程师找我吐槽一个同事。听完他说的，简直颠覆了我对那个同事的认知。

在这个工程师心里，那个同事简直是恶魔般的存在，恶魔到他每次到饮水机接水的时候，都要选择最远的距离以绕过那个同事。

可是，在其他人心里，那个同事许多时候都是蛮可爱的。

这个工程师朋友的心理机制就是“分裂”。

分裂的定义，最早是由克恩伯格提出的，它是指：你把某些人完全看成是敌对的，而把另外的人看成完全是可爱的。

熟悉不？是不是想起了小时候对着电视机的我们：“妈妈，这个人是坏人！那个人是好人！”小孩子是不能整合的，不会综合去看一个人。他要么就好的，要么就是坏的。

所有的非此即彼，非好即坏，非对即错……的想法，从本质上讲都是分裂。

（4）反向形成

平心而论，你对待某个同事有没有特别虚伪的时候？

就是那种明明恨得他牙根痒痒，但每次沟通的时候，又乐得和菊花一样的那种虚伪。

反向形成就是指，你将某件事转到了它的反面。

比如，你明明很多事都很想反叛，但却成了一个完美主义者。

再比如，你明明性情暴躁，却总是表现得彬彬有礼，守时冷静。

当然，那种明明很喜欢一个女生，却经常欺负、攻击她，也是同理可证的。

（5）变被动为主动

第一种含义：在自己被抛弃之前，先抛弃对方。

我的前同事因为在工作上搞砸了一件事，给公司带来了损失，于是在公司给出处理意见前，选择了引咎辞职。

客户的公司即将大规模地裁员，结果各部门还在评定的过程中，就开始陆续收到辞职报告。

所有行为的背后，都是一场“你不能开除我，我自己走！”的内心大戏。

第二种含义：无法忍受等待，因为随之而来的对牺牲产生的脆弱感让你无法招架。

两个部门互相推诿一项灰色地带的工作，讨论，争吵，再讨论……

如果他们当中有一个人采取了变被动为主动的防御机制，问题就不会这么复杂了。原因是这个人会因为无法忍受这个过程，而主动提出由他承担这项工作。

（6）内省

上周我的工作超多，感觉自己简直已经超负荷得狂飞了起来。

周五上午，眼看我notebook上的待办事项全部被划掉，心里高兴得不要不要的。

结果，市场部经理找到我，要我配合完善网站上的招聘信息。

我当时真是郁忿填胸啊！不过我马上开始思考：做这件事我需要多少时间，怎样用最快的时间完成，我如果表达我的不情愿会发生什么……

内省，即全神贯注于一些内在沉思，以缓解紧张或回避外在现实。

（7）假性独立

因为对于让别人来照顾自己，或者仰赖他人的建议感到尴尬，于是就变成独行侠，从而不必依赖任何人。

美钻小姐是公司里每个人心目中的女神。美，是因为她真的很美；钻，是因为她实在太刚强了。

公司一个难缠的客户没有人愿意接，她接了。然后，她一个礼拜没回家，在公司吭哧吭哧地做方案，改方案，改方案，改方案……签合同的那天，她急性肺栓塞住院了。出院那天她没有回家，直接跑去公司上班了。

用她的话说，她要强大到不依赖任何人，不期待除了自己以外的温暖。

这真让人心疼。

04

我们的潜意识是最懂得趋利避害的，它会选择当下最有效的措施来保护我们，使我们的痛苦最小化。

所以，心理防御机制没有对错，也没有好坏之分。

只是许多时候，曾保护过我们的防御机制可能现在已经不适用了。就如同冬天你穿上羽绒服，可以抵御寒冷，但如果到了夏天你还穿着，那就很神经了。

最后，你有没有发现上面讲到的几种防御，你好像命中多条？

好吧，恭喜你！只有精神病人才会只使用一种。

The end。

影片放映结束，离场前请帮忙叫醒你身边睡着的同学们……

五、总想改变是一种病，得治

01

回想整个世纪，没有什么比考下心理咨询师二级更让我开心的事了。

于是，作为奖励我上周末花了4000元，参加了一个心理沙龙。

你们能想象到一群神经病欢聚一堂是怎样的一场盛典吗？在场的每一个人可谓各有所病，各领风骚。

其中的一个姑娘很有意思，在我用了近一个小时的观察、统计和研究后估算，她的语速应该可以达到每分钟260字，简直就是把活体CS 51（机关枪）。

51小姐这一路走来，工作事业还算顺利，但自打她如愿入职一家500强外企后，突然发现自己简直弱爆了。

她原本以为自己的英语水平不错，到了这里才发现，身边人的英语speak得简直比母语还要好。

她从来没有担心过自己的沟通交流能力，却发现每次和同事一起吃饭，她们讲的40%的东西她都听不懂。

她发现，不管自己多么努力，身边总会有人比她做得好，比她更优秀，她觉得自己简直真的糟糕极了。

因为太想要追求牛牪犇的状态，迫切地想要改变，51小姐病了。

她不能看表，包括挂钟、闹钟、手表……后来连手环也不行了，一看到就心慌。

再之后就是不能看见笔，哪怕是用余光看到也不行！只要看到有人在写字，记笔记，她就会焦虑，会想哭，会用手把眼睛挡住。甚至，她说自己好几次都很想去死。

听她说到这的时候，吓得我赶紧把手里的笔甩了出去。

你们看，真正伤害我们的不是别人，而是因为我们对自己的嫌弃而引发的焦虑。

当一个人开启了自我嫌弃模式，他看到的就只有自己的糟糕。

02

我要是再瘦点就好了。

我怎么这么懦弱，为什么就不能胆子大点？

我为什么老是拖延？

如果我不是总纠结犹豫就好了。

……

所有想要改变的东西，都来自我们对自己的嫌弃。

你有多嫌弃自己，就有多想要改变自己。

我们每天都活在这样的自我嫌弃中。我们一边追求成功，追求优秀，一边又对自己无限的嫌弃，想想这简直就是对自己的忘恩负义！

为什么每个人或多或少都会嫌弃自己呢？从心理学的角度，这是因为生物本能的驱动，因为每个人都在追求生命的完整。

我们通过自责来完成什么都可以做好的幻想，这样才在幻想中保持了自己都可以做好，一个都不可以失去。

客观上讲，根本不存在所谓的优秀，更不存在压力，压力来自我们一定要完成什么。比如，你很喜欢打麻将，嗨得不亦乐乎，彻夜难眠。这时突然有个人对你说："定个KPI（关键绩效指标）吧，你的胜率一定要达到80%啊！"你一定就不喜欢打麻将这件事了。

你有多想把结果做好，你就有多讨厌这个东西。哪怕再简单的事情，当你认为一定要完成好它，它就会变得非常恐怖。

03

我们的所有痛苦都来自想要改变却无法改变，却从来没有意识到，我们发展出来的一切，都是我们对自己的保护。

每个人的潜意识都是趋利避害的，所有的决定都是你的潜意识

瞬间衡量过利弊后做出的最优选择。

改变之所以很难很痛苦，不是因为我们改变不了，而是我们承受不了改变后的后果。

木头说和我讲过，有一年春节前，他在买长途车票的时候，看见前面有个人插队。在他那颗想要勇敢的心的驱使下，他喊出了平生最有力量的一句话："后面排队去！"

然后，然后他就被对方各种侮辱各种骂。他说自己嘴笨，整场被唾骂的过程，他没能开口说一句话。

我曾经特别羡慕外向主动的人，他们特别容易结交新朋友，人脉特别广。于是，他们有什么事情，都可以在第一时间寻求到帮助。

在我试图打入外向者内部之后，我才发现一切太难了。当我鼓起1000升的勇气找别人帮忙，结果被对方拒绝的一刻。我感觉特别羞愧，没面子，那种感觉简直比死还难受。

我也想像那个淡然的同事一样，每天优哉游哉地自得其乐。可是，当我把稿子拖延了半天才开始动笔的时候，那种内疚感简直可以让我瞬间土崩瓦解。

你们看，原来热情是会经常遭受冷漠的。原来外向总是会热脸去贴冷屁股的。原来勇敢是可能会挨揍的。

我们的每一次作为与不作为，都是我们的潜意识在认真评估过风险后的选择。不改变自己，这是对自己最好的保护。

04

现代舞大师玛莎·格雷厄姆说：有股活力、生命力、能量由你而实现，从古至今只有一个你，这份表达独一无二。如果你卡住了，它便失去了，再也无法以其他方式存在。世界会失掉它。

真正的转变一定是基于自我接纳，否则就有了对抗。当我们在意识层面强迫自己改变的时候，潜意识就会反抗：

如果我改了，我就不是我了。

如果我改了，别人爱我就是正常的了，那我如何证明真正的我是值得被爱的呢？

于是，你的意识叫嚣："改变！"你的潜意识高喊："就不！"不断地重复，重复，再重复……

当一个人的全部精力和能量都用在了自我消耗上的时候，还改变个鬼啊？

所以，因为不满意现在的自己而想要改变，这样的起义注定是要失败的。

"改变"在某种程度上讲，本身就充满了负能量。**我们此生的意义不是改变，而是成长。**

成长是什么？成长就是在我们想要拓宽人生的经验的基础上，不断努力去尝试新的可能。

至于如何成长，你们一定想试试的，因为它太简单了。

（1）接纳

接纳就是我看到我身上所有的一切，并且可以看到它们是如何保护我的。

当你接纳了自己，也就完成了与自我的和解。

（2）新增

如果你愿意，可以在这个基础上发展出一些新的东西，形成一种新的模式。

如果你总是把工作拖到最后一刻才开始，那你就试试如果第一时间就开始，会发生什么呢?

如果面对冲突你每次都怒怼回去，那你就试试如果只是微笑不说话，会发生什么呢?

（3）看到

面对指责，我们可以不说话，可以转身离开，也可以拍桌子。

面对否定，我们可以解释，可以跺脚，也可以反躬自身。

我们要看到在面对一件事的时候，其实我们是有很多选择的。

当我们看到这些的时候，我们的选择就不再是及时自动化的条件反射了，我们就获得了力量。

（4）整合

我们发展出的新的模式会与旧有模式整合，形成一种全新的、适合我们自己的模式。

（5）庆祝

当这一切发生的时候，我们就成长了。

举杯！

柯维博士说："对自己要有耐心，因为自我成长是神圣的，同时也是脆弱的，是人生中最大规模的投资。"

在自我成长的路上，每当你感到脆弱的时候，一定要对自己多些耐心。因为改变是一定会发生的，而且是不可避免的。

六、拖延不可怕，可怕的是你的僵化思维

01

说实话，新招来的培训助理我非常不满意。

之所以不满意并不是因为她比我高了十公分，而是她的存在总让我很抓狂。

月初的时候，我交代她把今年的所有培训记录做一个汇总分析。她说：好，没有问题。

第一周的时候，我看到她在整理那些纸质的记录。为此，她申领了单页文件夹、单夹文件夹、标签纸、马克笔……

我觉得她真是一个对工作极其认真的好孩子啊！

第二周的时候，我看到她研究EXCEL和WPS的优劣势，希望选择一个最好用的表格工具。

看到她精心比对软件的样子，我都开始质疑自己这一路是不是混过来的了。

后来，她还下载了美化大师等各种第三方插件。

你们说，还有什么是比拥有一个如此认真的下属更幸福的事吗？所以，是时候提出表扬了！

上周三临下班我问她：“看你一直很认真地做事，还有两天，数据汇总完成得怎么样了？”

“那个，我还没开始做……”

一口老血。

类似的事情还有很多：

让她发一封培训通知的邮件，结果培训开始前两天，我才收到初稿。

要她约部门经理的时间，沟通明年的培训需求，结果一个经理离职前的交接都做完了，她还没有告诉我是哪天。

还有，马上月底了，我发现她的KPI一个都没有完成。

我真的善良不下去了啊！

“通过一个多月的试用期，我认为你不太适合这个职位。”

“为什么不适合？我都还没有开始做呢。”

“就是因为你什么都没开始做，所以才不适合。”

她突然就哭了，呜呜呜，嘤嘤嘤。

她离职第二天发微信和我说，她才刚毕业不久，能力不够。许多工作她之所以拖延，是因为很怕她的工作成果我不满意，那就太失败了。

把责任归因于自己没有开始做，总比努力过后却没有做好来得容易，也更能让一个人心安理得。

02

事实上，拖延症不是一种病，而是我们人性里的一个弱点。拖延是一个人跟自身如何相处的问题，它反映的是一个人在自尊上的问题。

“如果我早点开始，这个工作当然就完成了。”

“如果我少撸几把王者，这次就不会考砸了。”

“为什么这次内部竞聘的人没有我？还不是因为我错过了申报时间。”

我们还真是很聪明呢，因为我们非常善于编造出各样花式拖延法，来演示我们内心对失败的恐惧。

于是，拖延成了我们潜意识里掩盖自己弱项的一个心理策略。

“我好厉害，我很有能力，所以我喜欢自己。”或者“我弱爆了，我没有能力，所以我对自己感觉很糟。”

如果我们认为自己的智力、品格或个性是我们与生俱来，无法改变的。那么我们对自己的评价标准是：自我价值感=能力=表现。

一旦遇到挫折，我们马上就会对自我价值进行批评和质疑，觉得自己很傻。

可是，我们太讨厌这种感觉了啊！所以，干脆就拖着不干好了。

我们不是失败，只是没有开始。这样我们就不用去怀疑自己能力，面对自己的问题，甚至都不用去花精力反思。

所有拖延症患者的至理名言一直不都是，世上无难事，只要肯放弃吗？

我们宁愿承受拖延所带来的痛苦后果，也不愿意承受努力之后却没有如愿以偿所带来的羞辱。

03

罗胖儿在《大家都有拖延症》里的一段话特别本质：如果我能把QQ、电脑、音乐关掉，去集中注意力。如果我学习了时间管理，就去分解目标，使用番茄工作法……我要是能做到这些，我还叫拖延症吗？

强调行为的改变大多是无效的，真正能让我们告别拖延的，一定是思维层面的改变。

卡罗尔·德伟克在《看见成长的自己》一书中将思维模式分为两种，一种是僵化模式，一种是成长模式。

拥有成长式思维的人：

不会因为失败而灰心丧气，甩手不干，而是可以承受风险，迎接挑战。

相信能力是可以通过学习不断发展和提升的。

认为挫折并不意味着失败，没有成长才是失败。

坚信成功是一个学习过程，愿意把握各种学习机会。

拖拉机们的思维模式却是僵化的：

（1）“发生的事情是衡量我能力和价值的唯一标尺，能不能成功对我来说至关重要。”

（2）“挫折就意味着失败，我讨厌挑战，能逃就逃。”

（3）“结果高于一切，如果我失败了，就说明我不是优秀的，之前的努力屁都不是。”

（4）“才华和能力是生来具备的，需要付出努力才能得到结果？那如何证明我的才华呢？感觉努力是件很low（低能）的事啊！”

可是，莫扎特不是天生就具有完美音高，他爸爸在他很小的时候就专职地去培养他。帕格尼尼之所以可以用一根弦演奏曲子，是因为他在当初追女生的时候已经练过无数次了。

《刻意练习》不是整本书都在讲一个道理吗：一个人要在某个领域成为顶尖人物，需要经历漫长的刻意练习。

哪有所谓的天才，他们只是运用了更好的策略。更加努力，更加勤奋地练习，从而克服了重重困难。

还记得《三傻大闹宝莱坞》里的兰彻吗？他之所以成功且快乐，就是因为他始终相信学习是为了完善人生，追求卓越。

他喜欢挑战，他享受的是学习这个过程本身。吊诡的是，当他全身心投入这个过程中，成功自然而然地就来了。

我们太容易对自己产生自我评价，因而形成了僵化思维，开始过分关注天赋、才华、成功和结果。

我们认为毕加索天生就会画画，爱迪生手里的灯泡是突然亮起来的，乔丹在娘胎里就会打篮球……

我们一边说着要成为更好的自己，一边拒绝一切挑战，故步自封，不肯前行。

蔡康永在《奇葩说》里有段话讲得特别好：

最重要的不是结果，而是练习。好像一个想练肌肉的人去推一堵墙，他推不动，但推上一百次之后，他的肌肉就练出来了。这才是《奇葩说》可贵的精神。

04

战胜拖延的根本，是要改变自己的思维模式。

你关注什么，就会得到什么。改变僵化式思维，最重要的就是改变你的关注点：

（1）关注目标

当你正在做一件事情的时候，询问自己：我希望通过做这件事获得哪些经验和能力？

（2）关注事件

如果一个任务没有达到你期望的预期，不要自我批判，而是去关注事件本身，客观地分析自己在哪些地方需要提高。

（3）关注资源

当你意识到自己目前的能力不足以应付某事的时候，去思考自己需要哪些资源，以及如何get到它们。

（4）关注收获

当你在一件事情取得成功后，总结自己在这个过程收获了什么，并思考如何把它应用到其他地方。

（5）忽视负面评价

因为同样思维僵化的人，需要通过评判他人以获得优越感。所以，有时应该拿出足够的勇气，把别人的负面评价当作空气。

学习为上，经历次之。将来为上，过往次之。

当我们意识到生命的意义就是不断学习，而不是按照自己希望的样子来对比自己的时候，我们才能以最客观的方式来采取行动，不再生活在拖延的无边阴影之下。

转变思维模式并没有那么难，那些告诉你不行的人，是因为他们自己做不到罢了。

七、如何活成自己讨厌的样子？只想不做啊！

01

我上周和两位AACTP（美国培训认证协会）培训师一起吃饭。你们能想象三个培训师坐在一起会是多么热闹吗？如果当时超级演说家的评委在，我想我们应该都会破格进入决赛吧……

在服务员第四次为我们添水的时候，大亓说起了他目前正在考虑中的一个项目：为BAT[①]定向培送大学生。

说实话，听得出这个项目他真是深思熟虑好久的啊！从招生模式、培训模型到企业对接，整个流程几乎就是无懈可击！

蚂小蚁听得热血沸腾："我真觉得可行！你打算什么时候开始？"

大亓笑笑："我也就是想想。"

听完这句话，蚂小蚁瞬间转变成了战斗姿态。她说，之前自己在家对着烹饪书做饭的时候总想吐槽：什么盐少许啊？少许是多少啊？什么情况，怎么照着做出来感觉完全不一样啊！

然后她就跑去和老公说，应该有个App，专门用演示的形式分享我们这些普通人是怎样做好一个菜的。

后来，豆果网上线了，只不过和她没有半毛钱关系。

她还说那时候自己喜欢唱歌，就想着应该有个专门分享唱歌的平台，这样都不用为外出而化妆了，想和闺蜜互相分享的时候上个线就可以了。

后来，唱吧上线了，只不过和她也没有半毛钱关系。

她觉得自己太牛了！不是因为她那些比别人早的想法，而是在她眼睁睁看着别人把自己的想法变成现实后，居然没有悔恨致死。

咦？这么说来我也很厉害啊！我儿时的梦想就是全国人民每人都给我一块钱，那样我就是有钱人了。

对啊，动感单车很好骑。

---

① BAT是中国互联网公司三巨头的代称，B指百度（Baidu），A指阿里巴巴（Alibaba），T指腾讯（Tencent）。

蚂小蚁举起杯中水："大亓，前车之鉴，想好了就干啊！"

大亓摇摇脑袋："我就是想想，再看看，再看看！"

许多时候，拉开我们和优秀的人之间差距的，不是能力和坚持，而仅仅是当我们还在纠结要不要做的时候，别人已经上路了。

马云说，今天很残酷，明天更残酷，后天很美好，但是绝大多数人死在明天晚上。

我觉得他乐观了。**很多人始终纠结打转，在"早上想想走原路"的时候就已经死了。**

02

我想起去年有天，自己在沙发上抱着薯片看简书的时候感叹：别人写得真好啊！我也好想可以和他们写的一样好啊！

然后？然后我就开始写了啊！

坦白讲，我在真正开始前也有过挣扎：不知道写什么怎么办？没时间写怎么办？写得不好怎么办？没有人看怎么办？

问题的对立面，就是解决问题的办法。

不知道写什么，我就使劲逼着自己去想。吃饭走路的时候想，还几次在喝水的时候想到呛。

害怕写不好，我就去学习别人的文章，听各种写作课，读更多的书。每天不读完三篇热门文章绝不睡觉。

时间不够，我就减少睡觉的时间。有过整整两周的时间，我每天的睡眠都不足五小时。

是啊，如你们所见，我的第一本书新鲜出炉了，幸福感燃到爆！

虽然我经常虚荣又狭隘，但之所以说这些并不是因为我觉得自己很厉害。

我想说的是，如果当初我想想就算了，说说就忘了，如果我没有敲下第一个字，现在我应该还正躺在床上，纠结着到底要不要开始。

《孤单星球》的作者说：当你决定旅行的时候，最难的一步已经迈出来了。可是，他还有后面一句：如果第一步不迈出，你永远不知道你的梦想是多么容易实现。

03

那么，为什么我们的行为总是一成不变？

最小阻力原则指出，所有物体都倾向于沿着阻力最小的道路运动。

当你开始一项工作的时候，你也想做到最好，可一旦遇到困难，你不是去学习，去尝试，而是想，算了，差不多得了。因为学习和尝试与糊弄相比，糊弄一下更简单。

当你看到那个同事又在分享读书心得的时候，你也从书架选了一本。看了一会你发现读书是件需要运用脑力的事，于是你拿起手机开始追剧。因为与思考相比，无脑娱乐更简单啊！

我们小爽了一下之后发现，完蛋，这样下去我得不到我想要的东西，然后我们又开始尝试。可是，这样努力好辛苦啊，于是我们又去小爽一下。

我们的状态始终在这样的状态下无限循环，重复摆荡。

只要是改变，都会面临困难与风险。所以，越来越多的人选择了继续舒舒服服地过日子。

你们说，一个人如果没有梦想，和无忧无虑有什么区别呢？不对，重来：**持续舒服在某种意义上就意味着至死平庸。**

理查德·贝克哈德在20世纪60年代提出了变革公式：**D（不满）×V（愿景）×FS（第一步）>RC（当下对变革的抗力）。**

D——Dissatisfaction（不满）：对现状的不满意、不开心。

V——Vision（愿景）：内心无法抗拒且清晰的目标，简单来说就是心底的声音。

FS——First Step（第一步）：愿意伸出腿迈出的明确、可行的第一步。

RC——Resistance to Change（当下对变革的抗力）：内心对变革所持有的一种抗拒的力量，即改变的阻力。

想要改变，上面三者的乘积一定要大于改变的阻力。虽然我数学非常糟糕，但N*0=0的道理我还是懂的。我还知道，即便其中两项都趋近于正无穷，但只要另一项为0，对于改变这件事，都会完犊子的。

所以，改变不了大概有三种状况：安于现状、不知道自己要什么、拖延癌晚期患者。

如果上面的三项每项满分是10分，你分别会给自己打几分呢？

现在，你看到自己卡在哪里了吗？

04

爱因斯坦对精神错乱的定义是："你的行为方式一成不变，却期待出现不一样的结果。"

如何拥有不一样的结果？哈哈哈，作为一个曾经在精神错乱的路上纵情狂奔，又最终康复的我，站在凳子上准备发声啦！

（1）调动内部驱动力，关注工作本身

当我从关注评价和关注自己表现，变成关注工作本身的时候，我就变得自主了。遇到任何事情，尤其是不想干的事情，我只问自己一个问题：完成这件工作，对我有什么好处？让人无言以对的是，我发现不管什么事，我都能发现至少一个好处。对自己有好处的事就值得干一票了，不是吗？

对待下属也是，当我关注他们的工作成果，而不是再偷窥他们有没有聊微信，是不是偷偷去买好吃的了以后，他们变得更积极了，他们会自己决定怎么做，何时做，他们工作起来更有成果和创造力了。当然，我还因此可以在每天下午分赃他们买回来的零食……

（2）匠人精神

当我积极自主地工作一段时间可能会发现，虽然自己对待工作很有主动性，但是却因为太轻车熟路，成就感降低而觉得不好玩了。

这时候，我就开始思考怎样把一件事做专做精了。这个过程特别有意思，是一个不断挑战自己的过程。

我一般都会用一个表格，对应每项工作分别逐项记录迭代的日期，主要迭代点，以及自己的感受和收获。

你们说，游戏为什么那么好玩？就是因为我们在不断更新自己啊，每升一级就可以穿更好的装备，去更多的地方，我们会因为及时看到自己的成长而开心。

（3）目标

升职加薪，挣很多钱，非常成功……这些都是外部目标。

我们需要搞清的是自己的内部目标，是你自己内心真正渴望去做的，无关却超越外部目标的事。

有几个问题，真的需要你好好思考：

你想要过怎样的人生？

你想要成为一个怎样的人？

你的人生原则是什么？

有个故事是这样讲的：

> 上帝给了猴子一个变成人的机会，前提是他要砍掉自己的尾巴。猴子欢呼雀跃，可是动手前它却犹豫了：尾巴一生下来就和自己在一起，跟了自己很多年了。砍尾巴很疼怎么办？万一砍掉尾巴却没有变成人该怎么办？猴子不忍心抛弃它。

所以，猴子还是猴子。

八、三个方法，帮你跳出工作低迷期

我们公司的前台美少女最近蔫儿了。

以前她每次偷溜下楼买零食的时候，都会问我要不要。

现在我每次问她要不要带零食，她都说“不用了”。

以前她午饭都是叫外卖，然后节省下吃饭的时间，和工作亲密接触。

现在，她午饭也是叫外卖，然后节省下时间和周公亲密接触。

她这样的状态太不好了！因为这样下去的话，我就不能愉快地和她玩耍了！所以，我必须要和她深度会谈一下了。

我问她是不是最近发生了什么事，是不是被霜打了，还是被电击了。

她说都不是，其实也没有什么事。

我说觉得她最近状态不是很好，很像被豌豆突突过的僵尸。

她把头一低，嘴绷成一条线，憋了二十秒钟的大招，终于吐出句："唉！"

她说自己这种状态已经很久了，每天不想起床，到了公司不想做事，走路的时候都觉得自己的两条腿好像灌了铅似的拖不动。

"其实我特别想把工作做好，我也知道这样下去不行，但就是感觉干什么都提不起劲儿，玥姐，我真的好怀念一年前刚入职的自己啊！"

她整个人看上去就是一个大写的"丧"，还是加粗过的微软雅黑体。

工作状态低迷是件特别可怕的事，它会一点点侵蚀你的思想，瓦解你的自制力，让你在不知不觉中开启混吃等死模式。

牛顿第一定律教会我们的除了"万有引力法则"，还有原因论。这让我们凡事总是去试图寻找一个原因。于是，我们就会想，我状态这么糟糕，是不是因为工作时间太长了？还是工作没有挑战了？或者是因为工作成果得不到上级的认可？也可能是我太累了？……

事实上，导致结果发生的不止一个原因，如果我们用原因论去分析，就会陷入越理越乱，越来越烦的状态。可是，我们却忘记了，我们的终极目的并不是要知道原因，而是想要及时调整好状态啊！

来吧：

（1）能量层级

现代量子能量场理论认为，宇宙是由一个浩瀚的量子能量场连接而成，万事万物都在不断发出能量信息。

就像日本科学家江本胜在《水知道答案》里展示的，水在接收到不同能量的信息时，在结晶过程中展现成不同的结晶图案。

爱因斯坦爷爷的质能方程式说明：物质就是能量。我们每个人的粒子震动频率不同，就产生了不同的能量。所以，由粒子组成的读者朋友们，你们还好吗？

后来，美国著名的心理学教授大卫·霍金斯研究发现了一个有关人类所有意识的能级水平的图表。把人类的意识从低到高，划分为17个意识能级。

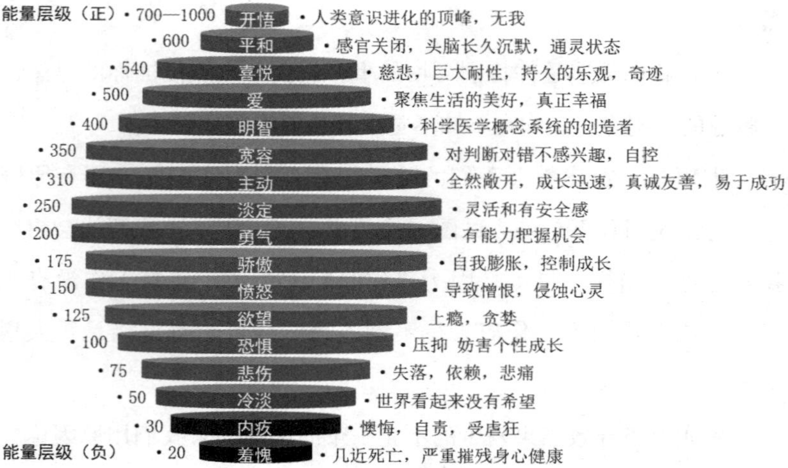

能量层级表

频率标度值200是一个人正负能量的分界点，我们所说的“正能量”就是指这个分界点以上的能量。

我们大部分人能量强度在200内，而当我们的能量层级降到这个分界点以下的时候，就会感觉焦虑，脆弱，没有动力和抑郁。

当你工作低迷，没有动力的时候，会因为不能行动起来而内疚，因为看不到希望而冷淡，因为压抑而担心恐惧，或者因为愤怒而吐槽抱怨。

好消息是，我们的能量等级不是固定的，它会随着我们的心境变化而变化，同时它具有吸引性和传染性。

那么，如何提升我们的能量层级呢?

1）学习凌波微步，逃离低能级的人或物。

2）与高能级的人或物待在一起。

3）关注美好，保持正面潜意识。

4）努力让自己的生活与世界上最精彩的事物相伴。

5）感恩，每天记录三件“小确幸”。

6）分享，哪怕只是在朋友圈。

（2）PERMA

美国心理学家马丁·赛里格曼在《持续的幸福》里总结了幸福理论的五元素，对于状态调整很有帮助：

1）P=积极情绪（Positive Emotion）

去关注自己的幸福感，多想好事。我们大部分人对好事的思考能力远不如对坏事的思考能力。因为如果不是这样，我们可能进化不到今天。所以，我们要克服大脑中天生的负面偏好。

在这点上，天赋可以帮助我们。我们每个人都是独一无二的存在，去找到专属于自己的天赋，并尝试将它们用在工作上，创造出不一样的工作成果。

如果大家对自己的天赋点感兴趣，可以登录Authentic Happiness网站，测试自己的“突出优势行为价值”。咳，就是服务器可能有些慢，需要少安毋躁。

2）E=投入（Engagement）

许多时候，我们困扰是陷在自己的情绪和感受中无法登陆，而不是去解决事情。

当我们完全沉浸在一项活动中时，时间就像停止了，甚至连我们的自我意识也消失了。这也就是所谓的“心流”。

尝试专注15分钟，哪怕只是把一个空白的圆形涂满颜色。

3）M=意义和目的（Meaning and Purpose）

我以前在打魔兽的时候也会达到心流状态，不过每次结束之后，我都觉得特别焦虑，感觉时间又被荒废了。

有意义，意味着做一件事情感觉对人或对自己的物质或精神方面有好的改变。有意义的人生意味着你知道了自己是为什么而活。

4）A=成就（Accomplishment）

我们总是根据外在标准评判自己所做的事情。其实，成就的判断标准在我们自己的心里，如果你愿意，你可以随时调整你的评判标准。

5）R=人际关系（Relationships）

心理学三巨头之一的阿德勒认为，人生所有的烦恼都来自人际关系，具体来说就是我们都太关注自己了。

所以，除了“自我接纳”，他还提出“他者信赖”和“他者贡献”。这需要我们把“对自己的执着”变成“对他人的关心”，把他人当作伙伴，无条件信任，并对作为伙伴的他人给予影响，作出贡献。

我一般是用印象笔记，主要记录时间、我帮助或影响的人、具体的事情、我当时的感受。每次忍不住翻看的时候，都有一种特别踏实，特别幸福的感觉。

只有当我们体会到“我对他人有用”的时候，才能切实感受到自己的价值。

（3）需求层次

人本主义心理学之父马斯诺将人类需求像阶梯一样从低到高按层次分为五种，分别是：生理需求、安全需求、社交需求、尊重需求和自我实现需求。

每个在职场的人，大致都会经历这几层需求。

生理需求是最底层的需求，简单理解就是吃喝拉撒的需求。比如当初刚到异乡漂泊的你，找到一份可以解决温饱的工作就是你那时的需求。当然，现在正在看这篇文章的你肯定不会在这一层，因为你已经开始买书了。

安全需求包括对人身安全、生活稳定以及免遭痛苦、威胁等。你们说，为什么刚入职的新人一般都会表现得可圈可点，十分可爱？因为那时需要面对试用期不合格被辞退的风险啊！

在满足了基本需求和安全需求后，我们就会感觉孤独无助，渴望在团体中有一个位置。所以，我们就开始找啊，找啊，找朋友了。

再往上是尊重需求，我们开始希望别人认可。这也是大多数人迷茫没动力的原因，有可能因为自身能力或资源的有限，没有拿得出手的产出，也可能是公司氛围消极，boss们看不到员工的付出和表现，不会正面反馈。

如果有幸冲过去，我们就进入了最高层的自我实现需求。这时，我们不再计较金钱的多少，也不再介意别人的评价，而是开始追问：我想做的，到底是什么？

你们有发现什么吗？对呀，其实每当我们低迷的时候，都是因为原有的需求得到了满足啊！当我们当下的需求没得到满足的时候，我们的全部力量都用在解决问题上了，是根本没有多余的精力去迷茫和无助的啊！

所以，每当你感到状态卡壳的时候，最应该去做的就是开始为上一层需求而努力：

1）看清自己当下的状态已经被满足。

2）探索自己更高一层的需求是什么。

3）拿出一张A4纸上，左边列下有可能遇到的障碍或问题，右列对应写下想到的解决办法。

（4）干！

事实上，马斯诺理论倒过来其实一样成立，一般人我真的打死也不说：如果你早已知道自己想做的究竟是什么，那么恭喜你，这真的是最幸福的状态啊！因为一旦最高级的需求实现了，那么下面几层的需求根本就不是事。

正如尼采所说，一个人知道自己为了什么而活，他就能够忍受任何一种生活。

特蕾莎是，甘地是，唐僧是……

希望你也是。

第二章

职场，离不开“关系”

一、人与人之间的四种相处模式

01

请搬好小板凳，准备好瓜子，我们现在一起说说妈妈的坏话。

当我们还是小baby的时候，不知道什么是好的，什么是不好的，不知道哪些是应该的，哪些是不可以的。渐渐地，通过妈妈对我们的嫌弃，我们就明白了：懒惰是不好的，哭是不好的，闹情绪是不好的，不写作业是不好的……我们一旦越线，妈妈马上会对我们唠叨，数落，叫停，惩罚。

还是小孩子的我们不会有太多体验，我们只会感受到妈妈要抛弃我了，妈妈不喜欢这样的我。

我们战战兢兢，如履薄冰。

曾经在公司团建的时候，一个男生说他这辈子最恐惧的时刻，是自己淘气被妈妈关在门外的那个时刻。妈妈说不要他了，于是他就在门口哭，哭了很久，哭得特别伤心。他说当时觉得整个世界都黑暗了，特别害怕和无助。

对孩子来说，失去妈妈就意味着死亡，所以每个孩子都对父母绝对地忠诚。忠诚到你不喜欢我，我也不喜欢我，你不允许我有的那部分，我也不允许自己有，你喜欢那样的我，那我就努力变成那样的人。

在这个过程中，我们学会了：微笑可以获得友善的对待，沉默不说话可以躲避被指责，主动做家务可以不被惩罚……

有的人从来没有被温柔对待，所以也没有学会如何温柔对待别人。有的人从来没有被肯定过，所以也没有学会如何肯定别人。有的人小时候从来没有抬起过头，所以之后就要一直抬着头。

看，虽然我们长大了，但我们的应对方式却始终没有变，而且特别容易把身边的每个人都当成妈。

我们那些功能不良的应对模式，真的需要一次彻底的更新。

02

阿德勒说过：我们的一切烦恼都来自关系，包括我们和自己的关系，我们和别人的关系，我们和事物的关系。

萨提亚模式提出，我们每个人的生存模型是由自我、他人和情境构成。

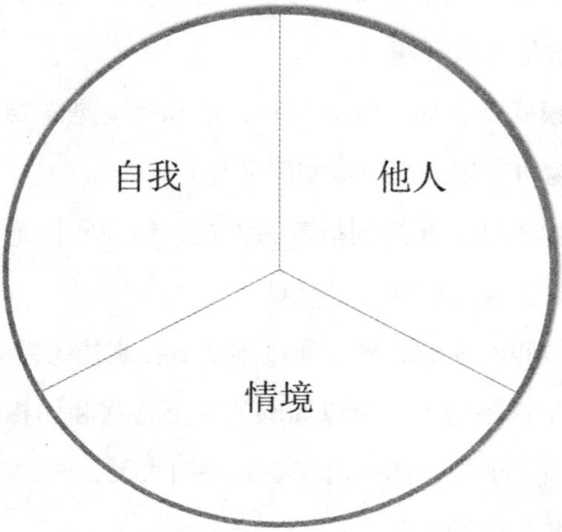

萨提亚全人图

在生存模型下，我们每个人都发展出了对应的生存姿态：

（1）讨好

当一个人感到不安全，感到生存受到了威胁的时候，就会发展出讨好这个模式。

在讨好模式下，你会忽略自己，以及自己的价值感受和需求，一切以他人需求为先，一切以他人感受为重。

你对他人和情境予以十二万分尊重，却把自己的真实感受掩藏在地下十万英尺。你身体的每个细胞都在呐喊：我不重要！

只要身边的人提出需求，你便会第一时间满足，并奉上和颜悦色的表情。面对你不想做的事情，你会选择自我牺牲，并保持优雅又不失礼貌的微笑。你不懂拒绝，更害怕面对冲突。

在讨好模式下的信条是：**只要我身边的人高兴，我就安全了。**

（2）指责

指责是和讨好完全相反的姿态。是指一个人为了自我保护，不断抱怨和指责他人或环境。

在指责模式下，你会认为只有自己和情境是需要考虑的，别人都应该以你为重，别人都应该来膜拜你。

你的人生不断上演挑剔指责的大戏，你经常拒绝别人的请求，并随时准备对别人的提议表示反对。

你不断侵犯别人的边界，通过不断地控制让关系陷入紧张。

因为经常责备他人，所以周围的人不喜欢和你相处，你的内心因此非常孤独。于是，你一边在心底挥泪大哭，一边叫嚣："要不是因为谁谁谁，我怎么会这样？"

指责模式下的信念就是：**人生获得成功的唯一方式就是通过战**

斗扫清前进的道路。一旦我表现了自己的脆弱，那我就会死去。

（3）超理智

我们经常会说“理智点”，好像理智是一件蛮高大上的事。但是，当一个人的应对模式只有理智一种的时候，其实，就不那么好玩了。在超理智模式下，我们会忽视自我和他人，仅仅关注环境、背景、逻辑、数据。

你喜欢用理性解决问题，就事论事能力和纠错能力特别强。你只关注对错，关注谁该承担责任。对超理智姿态者来说，开不开心不重要，事情是不是对的才最重要，关系不重要，各自做好各自的事情才最重要。

在超理智模式下，你会认为人就是为规则服务的，所以即便自己再难受，也要遵守规则。你不是没有感受，而是你的感受和情绪被自己忽略了。你认为只有做应该做的事，才是安全的。

对超理智模式而言，**不分对错，就意味着会被抛弃，意味着死亡。**

（4）打岔

打岔模式是和超理智对立的模式，这种姿态通常非常欢乐搞笑。处于打岔姿态的人通常的状态是，不断地转移注意力和话题，根本停不下来。

对打岔者来说，自我、他人以及情境都不需要考虑，没有任何价值。

别人会觉得你快乐，活泼，充满喜感。然而，你根本无法集中注意力，你最擅长的事是从一个话题扯到另一个话题。和你沟通是一件很辛苦的事情，因为对方会发现正在进行的对话主题已经是千里之外，脱离重点，毫无意义。

打岔者看上去像一颗开心果，但其实很可怜。在打岔者的心里，没有人关心你的话题，没有属于你的地方，你只有通过不断地变换话题来获取别人的关注。

下面，有请打岔模式的优秀代表人老顽童周伯通发表讲话，鼓掌……

在打岔姿态下的人坚信，**只要我能够将注意力从任何压力性话题上移开，我就可以生存下去。**

03

我们总听到有人说“讨好型人格怎样怎样”“指责型人格巴拉巴拉”，其实他们搞错了。因为不管是讨好，还是指责，它们不是人格，而只是一种姿态，一种我们在原生家庭中习得的应对模式。

想要转换，就需要了解真实的自己。

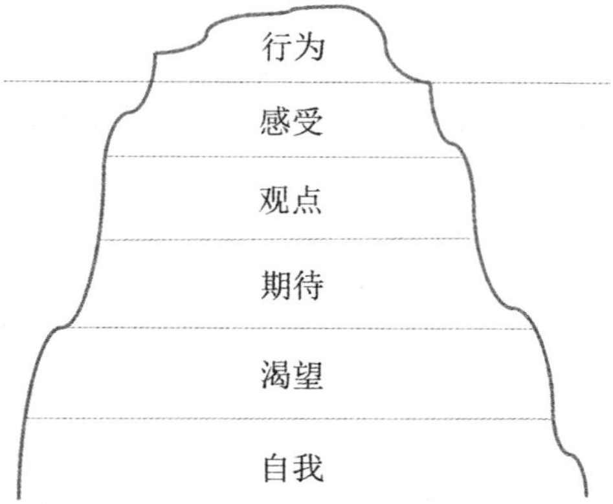

萨提亚冰山图

萨提亚用冰山模型提出了了解自己和他人的六个层次，从上到下分别是：

行为：我们看见了什么，听到了什么，做了什么。

感受：对于发生的事件，我们所产生的感觉或情绪。比如愤怒、恐惧、悲伤、兴奋……

观点：存在于我们大脑里的认知，是我们对事物的想法、信念、规则、三观……

期待：期待指向未来，是指你想要什么。有些期待我们可以察觉，有些期待我们自己都没有意识到。

渴望：期待是想要，渴望是需要。它们可能是爱、价值、自由、尊重、认可、关注和接纳。

自我：人的本质和核心，是关乎“我是谁？”的问题。

举个例子：

早上和同事打招呼，对方没理我，我瞪了他一眼（行为），我觉得生气（感受），我认为他让我很没面子（想法），我期待他回应我（期待），我渴望被关注和被尊重（渴望），此刻我消失了（自我）。

当我们了解了冰山模型后，我们就非常容易理解自己和别人，更容易接纳自己和别人。当然，也有一种可能，你会发现，连搞懂自己都是件很难的事，就不会再动不动指责别人了。

现在，想一个你自己身上最近发生的事情，思考一下：

（1）我当时的应对模式是什么？

（2）我当时的感受是什么？

（3）我的渴望是什么？

（4）对于我所渴望的东西，我自己可以给予自己吗？

（5）如果发生类似的事情，我需要更多地关注自我、他人和情境中的什么？

好了，瓜子不能白嗑，回到我们开头的话题。

虽然我们说了很多关于妈妈的坏话，但我们要知道的是，她们给了我们一些伤害，但也给了我们很多爱。对那时还是baby的我们来说，如果没有爱，我们根本就活不到现在。

每一个人的资源都是有限的，可能是情绪，可能是能力，可能是意识，我们的父母也一样。在自身资源有限的情况下，他们已经给了我们他们能给的最好的一切。

萨提亚认为，每个人有三度出生。第一次是卵子和精子的结合，第二次是从子宫产出，进入原有的家庭系统，第三次是我们成为自己的决定者。

这就需要我们看见我们的反应模式是如何发生和形成的，并有意识地选择最适合自己的方式。

一个人的模式可以习得，就一定可以转换。关键是，你打算何时开始上路呢？

二、“好人”做了这么久，你一定难受得想死吧？

01

上个月公司新来了一拨实习生，其中有个叫圆子的姑娘，真的是好姑娘一枚。好到让我几次都有冲动去感谢招聘专员，感谢她为我们招来了这么好的“福利”！

圆子入职第一天，提前半小时到岗，然后把部门每个人的桌子都擦了一遍。

每到午饭时间圆子都会问大家要不要帮忙带饭上来。韩多多有天开玩笑说想吃赛百味，结果这姑娘就真的走一站地给他买了回来。

别的实习生担心自己考核不通过，她立即华丽变身一位尽职的老母亲，加班陪读到很晚。

培训的时候我咳嗽两声，第二天她给我带来一大包胖大海。

同事说《猎场》有广告看着不痛快，她下午就开通了爱奇艺会员，共享了自己的账号。

你们说，还有什么比身边有这么一位同事更让人开心的事呢？

是啊，她真的太好了啊！好到没有通过实习考核。

说实话，我真的有犹豫过要不要再给她机会，有那么一瞬间，我觉得如果拒绝她，自己简直就像个忘恩负义的小人。

但是，职场拼能力，公司讲制度。

她在离职的那天找到我：“我知道我为什么没有通过考核，我几乎无时无刻不在想着怎样才能对别人好。”

可是，从来也没有人要求她要对所有人好啊！

02

别人聊天的时候，你很少插话并保持微笑，就像只木鸡。

和别人约会的时候，你会担心自己的服装是否会让对方讨厌。

每次说好的AA制，都以你成功抢下结账权后顺利地落下帷幕。

一旦有人没有回你的微信，你马上开启地毯式搜索，回想自己是不是做了什么让对方不高兴的事情。

……

你不是“好人”，而是取悦症患者。

取悦症，亦称“看管人性格障碍”，是一种病理状态。大多数习惯取悦于他人者，对拒绝和敌意有着根深蒂固的畏惧和焦虑，只考虑他人而忽略自己。

取悦症的群体大多分为三种，快来对号入座呀！

（1）认知型“好人”

你需要并且必须争取让每一个都喜欢你。你相信讨好能让你免遭他人的拒绝，以及被刻薄对待。

（2）习惯性“好人”

你需要每一个人的认可。你会为他人做很多很多，几乎从来不会说“不”。

（3）情感逃避型“好人”

你逃避所有难以应付的情感，不知道怎样有效地处理冲突，不知道怎样表达自己满腔的愤怒。

作为一个经验丰富的老好人，我想说的是，尽管我们一直在努力让每个人高兴，但却很少让自己满意，我们经常会产生内疚和无力感。于是，我们更加努力地去取悦别人。

如果习惯行为的驱动力更多的是为了避免痛苦或消极的东西，而不是为了赢得有益或积极的东西，强迫习惯就会成瘾。

布莱克在《取悦症》一书中提出了“取悦症三角形”工具。

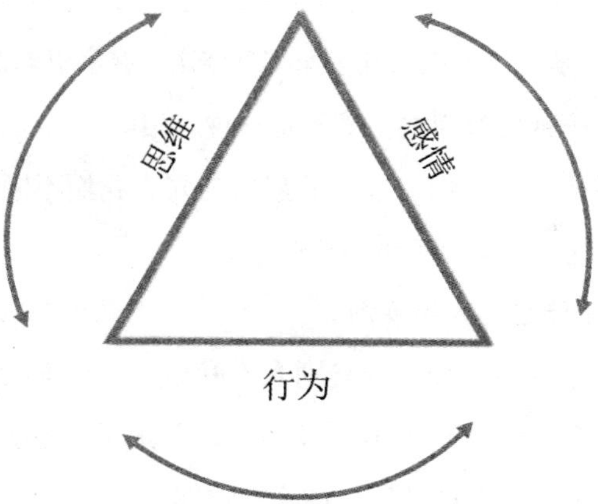

取悦三角形

可喜可贺的是，我们只要在任何一点做出小小改变，都将影响整个三角形的改变。

在思维层面，我们需要做的是放下三种信念：

（1）别人的自带属性都是冷漠的。

（2）如果我不付出，别人就不会喜欢我。

（3）如果不能让身边的人开心，就是危险的。

在感情方面，我们需要直面内心对冲突的恐惧，因为许多时候我们都只是怕冲突的可能性和严重程度极端化了。

在行为上的调整很简单，说“不”就可以了。

03

蒋方舟在奇葩说上曾坦言自己是“讨好型人格”，于是“讨好型人格”作为热词，纷纷出现在各大公众号平台。

其实大家误会了。不然，为什么有的人对待老婆唯命是从，在公司却颐指气使？为什么有的人在公司唯唯诺诺，在家里却嚣张跋扈？

讨好只是一种应对模式，而不是一种人格。

在讨好模式下，我们以别人的需求为先，我们不断地牺牲自己来满足别人。这些行为背后的逻辑是：

（1）我不能给别人添麻烦

我之前有个同事，如果他给别人添麻烦了，他就会内疚，他对自己的要求就是不能让别人不舒服。所以，就连他每次看电影前，都不敢喝水，生怕因为自己的离场而影响别人。

你们看，**不能给别人添麻烦，就意味着我们要不停地给自己找麻烦。**

（2）我不能让别人不开心

有这样信念的人，一般都有一个“不准say no”的童年。

许多职场新人就是这样，不敢让别人不开心。原因很简单，因为如果别人不开心了，自己在工作上犯的错误就不用被包容了呀！

所以，这样的人看不得别人不开心，因为他们会认为，如果对方不开心了自己就危险了。他们觉得对方是高大威武的，自己是兔兔般弱小的，对方是有能力惩罚他们的。

其实，他们早早就在心中打好了算盘：我都已经做了这么多了，我都使了吃奶的劲儿让你开心了，如果你再说我什么，那你就太过分了！

好想关心地问他们一句，站在道德制高点，冷吗？

（3）我不能欠别人的

当一个人不欠别人的时候，就有了莫名的伟大感。

你不欠别人了，你就不内疚了，可是别人欠你的呀，所以别人就开始了内疚。然后别人也付出，然后你加倍付出，然后别人更内疚，然后……想想就好累。

当然，也有一种可能是对方承受得了你的付出，一点也不觉得内疚。那么，你就会指责对方怎么没有反应，指责对方是渣渣。

在讨好模式下的人都特别虚伪，明明不愿意做，还总假装自己是圣母一样地去牺牲。

你自己说，你是不是神经病?

04

讨好模式应该如何转化:

（1）学会面对冲突

我们之所以会讨好，是因为害怕冲突，但只要我们活着，冲突就是在所难免的。别人不认同我们的观点，会冲突。别人承接不了我们的情绪，会冲突。别人对我们的行为失望，会冲突……

可是，每个人的情绪明明是需要自己负责的啊！我们不应该为对方的情绪而内疚呀!

所以，当你面对一个很生气的人的时候，请在心里默念：我看到你很生气，这是你的情绪。现在，我把它还给你。

（2）不要害怕被抛弃

我们小时候总是害怕妈妈会因为不高兴而抛弃我们，这确实值得害怕，因为那时的我们如果被抛弃了，就意味着要死掉了。

但是，看看你现在已经多高了？体重过百了吧？谁又抛得动你呢？有手有脚有脑子的人，不用依赖任何人也可以活下去啊!

况且，如果一个人因为你让他不开心了而要离开你，那对于这样的关系，你为什么还要牺牲自己去维护呢？

（3）极端化地去试试做个“坏人”

“你不会介意我临时占下你预定的会议室吧？”

“我介意。”

“我来得晚，你能不能帮我代打下卡啊？”

“不能。”

“你愿不愿意加下我微信，看看我们的产品？”

“不愿意。”

当我说出这些话的时候才觉得，作“坏人”的感觉简直太爽啦！做了“坏人”我才明白了以前为什么感觉不到被喜欢，原来就是因为——我太好了啊！

就像简·奥斯丁针对“好”的微妙刻画：“她不过是个好脾气、热心肠的年轻女人；我们很难讨厌她，因为我们根本没把她放在眼里。”

心理学所讲的“投射性认同”的过程，就是你教会别人如何对待你的过程。

所以，与其埋怨身边人对你的忽略和不在乎，不如好好想想你是如何教会他们这样对待你的。

没有人生来就是讨好姿态，讨好不过是一种后天习得的模式。我们能习得它，就能改掉它。连我这么笨的人都做到了，你一定也可以。

天涯海角，天荒地老，等你摔杯为号！

三、如果对方总是指责你，你应该这样做

01

我上一家公司的产品经理是个奇葩。

属下生病请假，等到上班的那天，准会被他劈头盖脸地一顿削，中奖率百分百。

文档写错一点，他就马上冲到员工办公桌前变身霍达克，龇牙瞪眼，外加吐沫横飞。

如果产品出现bug，他就……

这么说吧，他部门的离职率一直是公司排名第一，从未被超越。

后来，公司的一款大型产品售后出现了问题。因为这个产品涉及多家供应商，部门内部人员变动又很频繁，就导致交接过程中许多重要事情都被遗漏了。于是客户都成了没头的上帝，每当申请售后时，不知道该去找谁。

然后，奇葩经理就爆发了。

他先找到销售部的同事，指责他们没在签订合同之前和客户沟通售后的问题。然后，找到设计组，指责他们设计的这款产品的时候太复杂，接口太多。再然后，找到客服部，指责他们和客户沟通水平太低，导致客户频繁投诉……

老板后来找到他，两个人沟通了很久。奇葩经理始终在不停地抱怨吐槽，后来才觉得有点不对劲，于是昂首挺胸：“您看这样吧，有什么我可以做的，我保证马上行动！”老板沉默了两秒钟，

挤出了两个字：“消失。”

对嘛，只会指责而不去解决事情的人，是分分钟可以把老板点炸的。

指责，是侵犯别人界限的行为。

指责别人的人，是最恶心的人。这种恶心在于，他总是通过无休止地指责你，来保护他自己。

02

那么，一个人为什么经常指责别人呢？

（1）需求外包

举几个例子：

工作做到最快最好，不是员工自己的要求，而是老板的要求。当员工不能满足老板期待的时候，作为老板，就会感觉非常挫败，没有安全感。可是，如果一个员工做事又快又好又负责……那么一定是哪里错了——他不应该是员工，他应该是老板。

保持家里环境的整洁是谁的需求？拜托，不是那个乱放衣服的人好吗？人家就喜欢这样的环境啊，人家觉得在这样的环境里待着才是最轻松舒服的好吗？所以，谁对这样的环境看不下去，就是谁的需求。

小孩子的人生还有那么长，他拖拉一点怎么了？写作业本来就是他自己应该负责的事情，可是妈妈在旁边看着就觉得好焦虑啊！妈妈内心的潜台词是：“你能不能快点写完啊？这样我就不用焦虑了！”“你能不能像隔壁老王家的孩子一样优秀啊？这样我就不用总被请去见老师了。”

指责者在指责的那一刻，就把自己的需求外包给别人了。

如果我们做了他认为应该做的事，他就成了受益者，如果我们没有做他认为应该做的事，他就是受害者，就是祥林嫂，就是梅超风。

（2）维护“我必须是对的”

指责者一般都有一个很悲催的童年。

他们的父母对他们有很多的要求：放学不回家会挨揍，做完作业才能吃饭，字写得不工整撕了重写，鞋乱摆乱放会挨骂，东西丢了要罚站……

总之就是：你不好！

他们一直在这样的要求下活着，并学会了用父母对待自己的方式去对待身边的人。他们必须要始终正确，始终去防御“我不好”的感受，因为那种感觉太痛苦了。

那么怎样做到自己永远是对的呢？

只要证明别人都是错的就可以了。

就像叔本华在《人生的智慧》里所说：显示自己的聪明智慧其实就是间接地指责别人愚蠢和无能。

于是，指责大戏就频频上演了。

指责者在无意识下玩着这样的游戏：不断指责别人，以使自己渐渐成了父母当年的样子。如果对方气势十足，比他厉害，反过来指责他，那么他便又重新体验到了童年的那种感受。

03

那么，我们应该如何维护自己的界限呢？

作为一名多年深入指责者群体的小尖兵，我必须跳出来提醒大家，如果内功修炼不够，千万不要和指责者争辩理论。

因为指责者们在和父母长期的对抗中，已经锻炼出了超强的逻辑思维。他们会利用角色，利用道德，利用一切可以利用的东西作为理由对你予以反驳，直到你思维混乱，哑口无言。

那么在面对指责者时，如何确保自己的界限不被侵犯呢？

（1）分清这件事是谁的需求

当你面对指责的时候，需要第一时间去看清这件事究竟是你的需求，还是对方的需求。

只要这件事不是你的需求，那么哪怕对方的理由有一百万个，哪怕这些理由完美得没有bug，那也不是你需要完成它的原因，你更不需要为此承担任何责任。那就直接拒绝，并且无需任何内疚。

如果这件事恰好也是你的需求，那就更简单了，干，就对了。

（2）别自恋

我们为什么总是拒绝不了别人？因为我们太自恋了，这种自恋体现在：

把自己想象得太强大，以为我们的拒绝是极具摧毁力的，一旦我们拒绝，世界便顷刻坍塌，灰飞烟灭。

把对方想象得太弱小，就好像我们拒绝了对方，他马上就会受到7.43亿贝克的辐射，死无葬身之地。

把关系想象得太脆弱，认为一旦拒绝，你们的关系就会瞬间瓦解，两个人老死不相往来。恕我直言，如果一段关系因为你的拒绝就完蛋的话，那你总是牺牲自己去妥协的意义又是什么呢？

放下你的自恋吧，你的一句“不”，真的没有那么大的杀伤力。

（3）扮演受害者

指责者为什么那么有力量？因为他们总是觉得自己是受害者啊！

指责的本质是一种控制：“我都这么惨了，你们怎么可以不按我说的做？”

所以，你要表现得比他们还可怜，还痛苦，还惨。

许多时候我们总感觉没有力量，恰巧是因为我们总在试图证明自己是强大的。当你承认自己其实只是弱弱小小的一只的时候，你就有了全世界都应该来照顾我的力量。

不过，这种方式的代价有点大。因为坏人最坏的地方，不就在于他们会把我们变成和他们一样的人吗？

（4）“我就不”

当指责者像只茶壶一样对你叉腰的时候，你不要给他们理由，不要和他们讲逻辑，也不要和他们争辩。

直接拒绝：“我不，我不，我就不。”

当然，在指责者的眼中，一旦你拒绝他们，你就成了应该被万夫所指的坏人。

“你不同意？你真是自私到家了！”

“是啊，我也觉得我自私。”

“你不听是不是？活该你一辈子没出息！”

“我自己可不这么觉得耶，不过，你可以保留你的意见呦！”

为什么你总是无法面对指责者的指责？那是因为你多少认同了他所说的，如果你不认同，那么他说了什么又和你有什么关系呢？

（5）那又怎么样

同事说："你总在中午休息的时候趴在桌上睡觉，我都被你搞困了！"

你可以回答："是吗？我注意点。"

然后？然后你就依旧继续睡你的好了。

"你不是说会注意点吗？还是这样！"

"哦，是吗？对不起啊！"

然后，你该做梦做梦，该流口水流口水。

如此重复重复再重复，他就再也不想说了。

一切，又能怎么样呢？

（6）对方还好吗

最高级的来了！

就像我们之前说的，指责者之所以总是那样的嘴脸，是因为他们心中渴望被认可。

一般情况下，你们之间的模式是：指责者渴望被认可，可是你没有给他，于是他开始指责。你承受不了他的指责，于是开始反击。指责者感到更加糟糕，进而对你加倍指责……

事实上，这个罗圈八卦阵是很好破的，只要一方跳出来就可以了。

指责者的怨愤那么深，就不要要求他们了。如果我们心里对自己的认可是足够的，是满满的，我们为什么不可以给他们一些呢？

就像至尊宝的经典对白：你想要啊？你想要我会给你的……

"你做事怎么这么拖拉！"

"是啊，你好厉害，这都被你发现了耶！"

“你这样思考事情太有问题了！”

“哦？真的啊？我都没有发现，你人真好啊！快和我详细说说。”

只要对方深层次的需求满足了，你就会发现，其实你做什么不做什么，你这样或者那样，他们根本没有多么在意。

去吧，面对被指责，上面六种方法，总有一款适合你。

我们每个人，终其一生是为自己而活，我们的人生应该由我们自己去负全责。如果我们总是因为别人的指指点点而妥协退让，那么，我们的人生就只能一次次被干扰。

愿你内力深厚，招式惊奇，身穿铠甲，不被他伤。

四、这个世界，欠所有内向的人一句道歉

节前，公司的实习生大昭借下午茶时间来找我嘚吧嘚。他说假期要回老家，可是自己不想回去。

我问他为什么的时候，发现他的表情已经凝结成了便秘状：“我只想在家看书，听歌，想事情，不想出去，可我妈看着就会叨唠我。”

然后他又开始了吐槽模式，说从小他妈就觉得他性格太内向，觉得他有问题，希望他多出去和别人一起。

“可是，我就是安心做自己想做的事啊，这种安安静静的生活要是能加个期限，我真心希望是一万年。”

独处，看书，听歌，思考人生……大昭最想做的那些事，应该

就是所有内向的人最向往的日常吧。

不得不承认，我们正身处一个以外向型人格为导向的价值系统中。在这个“快”就等同于“成功”的社会，自带加速齿轮的外向者成了牛忓犇的存在。

所以，大多数人总是很容易地就居高临下，对内向给出各种定义或指责：

“你的性格比较内向，销售不适合你。”

“你太内向了，将来怎么在职场混啊！”

“就你这么内向，女朋友不吹才怪呢！”

在大家的共同努力下，内向就好像成了一种性格缺陷，内向的人就好像成了一个弱势群体。

于是，内向的人因为周遭人的“关心”开始自我质疑，又因为不断地自我质疑而产生孤僻，自卑和悲观。

内向的人开始困惑：我这样是不是不好？我是不是有问题？我是不是该改变自己？然后，发现改变的过程很痛苦，他们变得焦虑。

性格内向本身并不存在任何问题，认为性格内向有问题才带来了更大的问题。

内向的人，需要被这个世界公平以待。

麻烦前面的同学让一让，个儿矮的我表示要为内向者发声啊：

（1）内向性格与外向人格的学说起源

20世纪初期的某天，心理学家弗洛伊德和阿德勒在讨论病人的同一病例时，两人因各自注重了不同的信息而发生了互撕。

外向的小弗认为心理发展的目标是在外部世界中发现满意的事

物。内向的小阿则认为心理学研究的重点是应指向个体内部的思想和情感。

互撕过后，他们就分道扬镳各立门户了。

荣格同学曾全程参与他们的争论，后来在其著作《心理类型学》中建立了内向与外向概念，并指明人格特质没有好坏之分。

但是，后来小弗在写自恋文章的时候，开始把内向阐释成消极的概念，并使这一概念由健康转变为不健康，从而形成了一个错误的观念，并一直保持到今天。

（2）内向与外向的区别到底是什么

在我开始叨叨前，请先看以下几个自我描述：

1）休息时，喜欢独自一人或和少数亲密朋友待在一起。

2）在外出活动后，需要休息。

3）在说话或做事前倾向先想一想。

3）不喜欢太刺激的环境。

4）经常注意到许多人不能注意的细节。

如果你全部命中，那么恭喜你有幸加入内向者阵营。

我们总以为身边那些能言善辩，热情爽朗的人性格外向，事实上他们却极有可能是内向的人。

荣格的心理类型学指出：**判断一个人内向或外向的标准并不是他的外在行为呈现，而是这两种特质的心理能量指向的方向不同。**

性格外向的人的精力来源于外部世界。当他们感到精力不够时，需要从各种社交活动，结实形形色色的人，不同的环境和事物中获得能量。

性格内向的人的精力来自他们内在世界。当他们感觉自己的电量快要耗尽时，需要回归到自己内心的思想、情绪和观念中充电续航。

这才是内向与外向的区别，这种特征传载于我们的基因，它与生俱来，不容改变。当然，也无需改变。

（3）对于内向者常见的六种偏见

1）内向=害羞=自闭

内向的人是具有很强的社交技能的，但是，在聚会上的闲谈会耗尽他们的精力，所以内向的人不是不具备社交能力，而是自主地选择了不参与社交活动，因为他们在独处中会获得更大的愉悦感。

害羞是一种社会焦虑，这不是精力的问题，而是对社会情景缺少信心。并不是只有内向的人才会害羞，只要是过分在意别人怎样看待自己的人都会害羞。

至于自闭，不多说了，它是一种有关智力的先天缺陷。

2）内向的人不善言辞

内向的人并不是喜欢沉闷，而是不喜欢把精力过多地耗费在肤浅的社交上。

周国平说："我天性不宜交际，因为在社交场合，不是别人觉得我乏味，就是我觉得别人乏味。我害怕说平庸的话，这种心理使我缄口不言。"

内向的人更看重说话的质量而非数量，他们大多时候的"不爱说话"，不过是不喜欢讲没质量的废话。

3）内向的人不喜欢与外界接触

内向的人对这个世界充满好奇，乐于结识新的人，接触新鲜事物。他们之所以在这方面做的比较少，是因为他们不需要。

外向的人精力来自外部，所以他们需要社交依存，而内向的人内心世界足够丰盈，根本不需要在外界的刺激下激发能量。

4）内向的人冷漠

虽然内向的人言行举止不是那么夸张，但并不代表他们内心没有丰富的情感。

内向的人总是控制自己言行的表露，正是因为他们有极强的同理心，不愿干扰别人。其他不讲话的时候，他们通常都是在很认真地倾听，并思考人们正在谈论的事情。

5）内向的人不容易有朋友

内向的人对“朋友”的定义是与外向的人不同的。

对于外向者来说，即便初次见面的人只要互相聊上几句，感觉不错，就可以被划归为朋友了。

对于内向者而言，只有经过长时间的相处和沉淀后的人才能成为朋友。同时，他们也会对自己的朋友格外珍惜，倾情以待。

一句话：外向的人注重广度，内向的人更注重深度。

6）内向的人不快乐

因为内向的人总是以安静的姿势存在，所以容易被理解为不快乐。

事实上，他们只是喜欢享受另一种形式的快乐。比如，在晴天翻着书本，写下自己的感悟。在雨天端起咖啡，思考人生的意义。

子非鱼，安知鱼之乐。

白岩松说，别走太快，等一等你的灵魂。我想，所有的内向者在这方面都是楷模，因为他们始终都是在与自己的灵魂结伴相行的。

突然发现，内向岂止没有问题，简直就是一种格调啊！

至于生活中的许多问题，不过是人的共性，和性格是内向还是外向没有半毛钱关系。

林肯的性格内向，但他是美国第十六届总统。

爱迪生性格内向，但他的发明改变了世界。

乔丹性格内向，但他是万众瞩目的飞人。

星爷的性格内向，但他却有极强的表演欲与幽默感。

比尔·盖茨内向，但是他……很有钱。

这个世界是多样的，每个人都是独特的。我们每个人都有自己喜欢的生活方式，内向者只是区别于外向者的另一种存在，仅此而已。

所以，内向的你何必迎合社会的偏见，强迫自己从心爱的书里走出来，强迫自己对那些莫名其妙的人强颜欢笑，强迫自己要成为另外一个人呢？生命的意义就是“成为你自己”啊！

就像《内向者优势》里所说：**停止尝试去扮演不是自己的角色，那是多么大的一种解脱啊！**

你的内向，自带光芒！

五、你连倾听都不会，就别谈什么沟通了

01

有段时间，我一直犹豫要不要辞职去做自由讲师。

对啊，你们都理解，一个人上班上久了就会很“皮”很“背”。

有天钱小幺约我逛街，我当时想着将会成为一个自由职业者，

觉得异常兴奋，所以迫不及待地想和别人分享。

“你知道吗？我有个特别汹涌的想法……”

“有小三了？哈哈哈”

“我想辞职，因为我觉得培训这事我自己做也可以。”

“哎哟，你以为自己做点什么很容易吗？我一同事……巴拉巴拉。”

我说：“难度是有的，所以也有一点犹豫……”

她马上抢答：“可不是吗，我最近也犹豫着要不要换个离家近的工作……”

和她一场对话下来，我的心情从兴奋转变成了气愤，同时感觉自己受到了7.863吨伤害。

比无效沟通更可怕的是，沟通还没开始，对方已经不想说了。

你以为你的沟通能力差是因为不会说话？其实你误会了，事实是，你连如何听别人说话都还不会。

02

下面的桥段有没有很熟悉：

你说：“我最近胖了。”她说：“没有吧，是衣服紧了。”

你说：“我新买了一件大衣。”她说：“你真有钱。”

你说：“快毕业了，实习工作真不好找啊！”他说：“哎呀，慢慢来呗！”

分分钟想打死对方的感觉，有没有？

人本主义心理学之父罗杰斯在《沟通的天堑与通途》里说：

我们每个人都有近乎本能的欲望想去判断、评判、同意(或不同意）别人的观点，尤其是在一些有争议性的问题上，在某种程度上说，这是天性使然。如果我们能够倾听并理解他人，控制妄自评判的冲动，就能够实现真正的沟通。

在这种本能的驱使下，我们通常会做出四种自传式回应：

（1）评判——对别人的意见只有接受或不接受

小明：“我觉得自己简直丑得像只猪！”

你：“哈哈，猪都比你好看。”

（2）询问——依据自己的价值探寻别人的价值

小明：“我觉得自己简直丑得像只猪！”

你：“咦？你为什么觉得自己像只猪呢？”

（3）建议——以自己的经验提供忠告

小明：“我觉得自己简直丑得像只猪！”

你：“我以前也觉得自己不好看，后来我和网红学了化妆术，听我的，你应该……”

（4）安慰——根据自己的行为与动机衡量别人的行为与动机

小明：“我觉得自己简直丑得像只猪！”

你：“哎哟，好可怜，要不要亲亲抱抱举高高？”

《非暴力沟通》教会我们如何用平和的方式交谈，使沟通自然和谐。作为一个工作多年的职场人，我想说的是，所有的暴力沟通，一定始于暴力倾听。

我们每天都在和身边的人进行着无数次的四种自传式回应，我们很容易就陷入暴力沟通而不自知。

03

倾听分为三级：

一级倾听：听到对方所说的内容，并很容易产生评判。

二级倾听：关闭一级倾听，屏蔽自己头脑中的各种评判和声音。

三级倾听：专注于当下，将关注点全身心地放在对方身上。

你也许好奇，为什么我们大多时候都只停留在最底层的倾听水平？为什么高级倾听那么难？

用心理学的理论解释这点就很容易了，倾听并理解对方意味着你要进入他的世界，用他的视角去看他眼中的生活，同时又不能妄下论断，所以你很有可能改变自己。

越高层级的倾听，越需要我们舍弃自我，越需要我们忽略自己。我们太害怕被别人影响了，太害怕被别人的想法改变了。

所以你会发现，越是成功的人，越是有修养，越是可以静下心来倾听。和这样的人交谈，你会觉得自己完全地被理解了，会觉得好像整个人都被滋养了，会想连自己银行卡的密码都迫不及待地告诉对方了，总之就是太舒服了！

事实上，掌握了深度倾听的四个维度，你也可以轻松得到对方的银行密码……不是，你也可以成为别人心中完美的交谈对象：

（1）听事实

客观地去听，对方讲的究竟是一件什么事情。

（2）听情绪

去关注对方在讲述这件事的时候是怎样的情绪，是气氛，是委屈，是失望，还是兴奋……当你进入这个过程，你会发现，一切都变得好有趣。

（3）听假设

对方在讲述的时候，你可以听到他的想法是什么，他认为的“应该”是什么。这个过程太美妙了，因为你已经了解了一个人的核心价值观。真正的理解，发生了。

（4）听需求

结合上面的发现，你会轻松地知道对方真正的需要是什么。当然，他自己此时可能都还在迷雾中。你会告诉他：“小明，我听到你说觉得自己像只猪，听上去你好像很生气，你不喜欢现在的自己，我想告诉你的是，你对我很重要，我很在乎你。”

然后你会发现，他真正想说的其实是昨天被女票甩了，上周被公司开了，毕业答辩搞糟了，妈妈的医药费还没有着落……

没有倾听，真正的沟通永远也不会开始。

04

我犹豫很久，到底要不要把关于倾听的技巧分享给你们呢，毕竟这是我呕心沥血多年才总结出来的啊！可是，钱小幺说，不懂得分享的人没有未来，我好怕没有未来啊，所以：

（1）请暂时搁置总结的成见，去体会对方。告诉自己，对错与否都不重要，重要的是你的同理心。

（2）心理咨询师在交谈过程中都会使用一种技术，就是想象你上方有一台摄像机，把自己抽离出来。你不只要看到对方，也要看到当下的你。如果你看到了你在评判，在走神，或是不耐烦，及时调整。

（3）尽量在肢体上与对方同频，微笑、侧头、跷腿、抹头发……人因为相同而连接。做一面有延迟的镜子，是建立亲和最有效的方法。

（4）重复对方的原词。这些关键词是沟通过程中对方高频提到的词，表示状态和情绪的词，设计价值观的词。

（5）在倾听过程中互动的优选问题：

“我很好奇……”

“你可以多说一点吗……”

“如果可以，我想问你个问题……”

这些问题超级好用，屡试不爽。

（6）必胜倾听九字诀：

“然后呢？”

“真的啊？”

“你好棒！”

蔡康永写过许多本沟通类畅销的书，但关于沟通他有句话说得最好：“学会如何听，才能说出得体的话。”

有效倾听，不是技巧，而是建立在愿意体贴别人的心之上。当你真的愿意去了解更多，才能真正听见对方的心声。

当你愿意倾听，就会重新拥有积极的关系，知道许多自己本不知道的事，通过对别人所说进行思考，不断更新自我。

说到底，所有的有效倾听，最后受益的还是自己。

六、关于沟通，给你不走寻常路的四种模式

猎豹移动公司CEO（首席执行官）傅盛说：“工作中80%的问题都是沟通造成的。绝大部分工作问题，不来自技能本身，而来自沟通。”

不管是对职场老油条，还是对新手小白来说，沟通都是非常重要的。

手头的工作为什么进行不下去？因为其他部门不配合。

为什么特别讨厌那个女同事？因为每次和她说事情，都非常想挠墙。

努力完成了工作为什么还被老板K（吼）？因为没搞清他要的到底是什么。

……

如果还要继续，我可以举例到口干舌燥，喉咙冒烟。但是，你们决定翻开这本书，一定不是因为想要听我吐槽，默默感受痛点被戳中的快感吧？

对我们来说，沟通已经重要到不需要再去讲它的重要性了。

可是，你们有没有发现？对于如何沟通这件事，我们看了很多书，学到了很多技巧，但好像并没有改变什么。

因为我们一直在“术”的层面努力，却从未从沟通的本源思考。

我们一直以为沟通是靠嘴，但事实上，沟通是我们思维的输出，思维不改变，学会再多技巧都是徒劳。

既然大家都已经准备好了，那么，我们就跳过前戏，直奔主题吧：

三种沟通模式：

（1）学习型谈话

我们的沟通基本有三层结构：发生了什么、情绪和自我认知对话。

1）发生了什么

事实上，我们大多数沟通在第一层就已经偏离了轨道。因为在面对事情的时候，沟通双方往往都会开始进行一个游戏：试图证明自己才是正确的一方。于是，我们就开始争辩，吵架，叫嚣……

然后，我们会猜测对方的意图。搞笑的是，因为我们会根据自己的故事猜测对方的意图，所以我们总是将对方的意图假设错误。更搞笑的是，我们所做的假设都是最坏的假设。这是出于潜意识对我们的保护：先假定你会打我，然后我真的被你打了，总好过我原本准备好你会亲我，结果我却被你打了……

学习型谈话要求我们：

①对他人保有好奇心

因为我们每个人接收的信息不一样，对信息的理解不一样，我们对信息的感受和评判不一样。所以，我们的结论也不一样。

②停止假设

需要将谈话的焦点转移到理解对方对这件事的感知、诠释、评判和价值观上面。

举个例子，如果有人在会议上质疑你的观点，你最容易犯的错误，就是做出对方对你有成见，对方不尊重你，对方故意针对你……的假设，而事实上你最应该做的是搞清楚他在这件事上的不同意见究竟是什么。

2）情绪

《关键对话》中提到过一个有趣的结论：我们的大脑在沟通过程中是双核的，一半负责谈话内容，一半负责谈话氛围。谈话氛围往往比内容本身更加重要，而谈话氛围的营造，依据的就是我们的情绪。

我们总是试图控制自己的情绪，但不管怎样控制，我们没有靠嘴表达出来的情绪，都会变成行动。可能是翻他一记白眼，不耐烦地皱眉，不停地抖腿，或者语调逐渐变得低沉。

然后，双方的潜意识互相捕捉到了对方的情绪，于是大脑前额叶皮质不再参与理性思考，杏仁体开始准备随时攻击或逃跑。

一场大战即将上演……

学习型谈话鼓励我们在沟通过程中表达自己的情绪，我们可以：

①坦诚地表达自己的情绪。

②不带评判和指责，单纯的表达情绪，用“我感觉……”替代“你让我……”

3）自我认知对话

自我认知对话是在沟通过程中发生在我们内心深处的对话：我称职吗？我是好人吗？我值得被爱吗？

你向上级提出加薪，他摆出N+1条理由拒绝了你。于是，你开始了一场自我认知对话：我可能没有自己以为的那么好；我是不是不应该申请加薪，显得我像个坏人；我没有得到认可，所以我不值得被爱……

你看，你的内心正在濒临崩溃，哪还有额外的精力进行清晰有效的沟通？

学习型谈话让我们避免自我认知失衡，这需要我们：

①时刻牢记沟通的目标。

②放弃控制对方的想法，承认你也会犯错误。

③意识到不管此次沟通的结果是什么，其中都有你的责任。

（2）WAC模型

有人的地方就有江湖，有江湖的地方就有冲突。在面对冲突的时候，我们往往会防御、回避、逃离、互撕……

面对冲突，其实我们还有其他选择。《正向沟通》中介绍的WAC模型就很好用：

W（What）：你的困扰究竟是什么？

A（Ask）：你希望对方做些什么？

C（Check）：与对方核对，对于你的需求，他是怎样想的？

怎么样？有没有觉得超简单？对嘛，平价好用才是硬道理！

在使用WAC沟通模型的过程中，需要我们：

1）明确具体地弄清楚到底是什么让你不爽，但在表达的时候我们不能指责和攻击，而应该客观说出对方说了什么话，或做了什么事。

2）你的需求一定要具体，如果你连自己的需求是什么都没搞清，那就不要张嘴了，先请盘腿打坐，默念“歌姬歌姬”[①]三分钟，有答案了再说。

你的答案应该是“我希望……”“我想要……”“请……”

---

① 源自动画片《聪明的一休》主题曲。

3）沟通是双方的事情，当我们明确表达了自己的困扰和需求后，应该确认对方对我们需求的反应，不然就好像我们是在强暴……

“这样可以吧？”“我说清楚了吗？”“对于这点，你是怎样想的？”

不一样的冲突，一样的沟通。WAC模型，你值得拥有。

（3）一致性表达

沟通不只是语言的沟通，也是身体、语调和情绪的沟通。科学家们指出：沟通的信息传递是“7%的内容+93%的肢体语言”。

一致性沟通就是指：我们所说的语言和我们的情绪、声音、语调和动作是一致的，和我们的内心是一致的。

总有人一边说着鼓励同事的话，一边却皱着眉头替他担忧。

总有人曾对绩效考核结果十分不满，却瘪着嘴说“我会继续努力的”。

总有人明明很需要上级的肯定，可还没等对方开口，就低调的表示自己做得还不够好。

搞什么啊？难道是在表演拧巴大剧吗？拜托，我们的演技真的没有那么好的。

从人类进化角度来看，我们的祖先原本不会说话，只能靠声音、情绪、动作等传递信息。我们在沟通过程中所输出的93%非语言信息，是直接抵达我们的潜意识的。

所以，当我们表里不一地沟通时，对方的察觉能力是可以赶超福尔摩斯的，我们不仅会因为压抑伤害我们自己，也会因为不真诚伤害他人和关系。

怎样做到一致性沟通？

1）讲事实

这就需要我们不带评判，不贴标签。直接表达自己看见了什么，听见了什么。没有评判，就没有抵触。

事实与评价

事实	评价
一朵红色的花	这朵花的颜色真鲜艳
他这周有4天是9点后到岗的	他总迟到
我过生日的时候你没有送礼物给我	你不爱我了
他身高一米八四	他很高
我这周每天都超过凌晨3点入睡	我失眠了

2）讲感受

我们需要搞清自己对一件事的感受到底是什么。感受包括悲伤、难过、愤怒、羞愧、开心、委屈、欣喜、恐惧……你以为这是件很简单的事？才不是。

你可以想一下最近自己身上发生的一件事，你能用一个词形容自己当时的感受吗？有的时候我们以为自己很清楚，但其实不是。

比如，某个同事指责你工作态度有问题，你第一时间想起的感受可能是“愤怒”，但如果你再静心去想，可能你就会发现其实愤怒的背后是恐惧，你很害怕别人也这样认为，你很害怕老板会听到他的话，你甚至很怕他说的可能是真的……

同时，我们还会有对感受的感受。比如升职加薪人的名单里没有你，你感受到委屈，但因为你长久以来一直告诉自己要强大，所以你会为自己有委屈的感受感到羞愧。

这需要我们对自己的状态有很高的敏感度，我们需要将关注点回归到自己。

3）表达自己的想法

我觉得你没有尊重我，我看重客观公正，认可与肯定对我很重要，我很在意部门之间的配合……总之就是，实话实说地讲出你的想法和假设。

4）表达期待

期待，不是要求。期待是什么？期待，是我希望我可以得到，但不意味着我认为我应该得到，如果你可以满足我，那自然是极好的。如果不能，我也愿意接受。

自从我开始一致性沟通后，我发现自己已经不会再和谁争吵了，因为每当我想搞清楚自己当时是什么感受的时候，我就已经卡住了，卡住了……

（4）确认性沟通

在上级交代工作的时候，这四个问题会让你工作开展得爽歪歪：

1）确认内容

把你对这个任务的理解说出来，和上级确认。这样就避免了“我以为”的错误。

2）确认目的

想要实现的目的不同，做事的时候选择的方式就不同。请确保目的一致，避免做无用功。

3）确认反馈

“怎么这样的事也来问我？”

“你怎么问都不问就做了？”

如果你也这样悲催过，那一定明白我在说什么。

所以，要提前和上级确认，在工作进行的过程中，发生那种情况需要向他请示。

4）确认意见

“对于这件事，您还有什么建议或意见吗？”

哇，这个问题太可爱了！因为你会发现，上级在说建议的时候，就已经替你完成了一部分工作了。哈哈哈哈！

希望这四种沟通模式可以帮到你。

没有人可以靠“知道很多”成为高手。王语嫣对各门派的武功再了然于心，只身遇到恶人的时候一样会挂。所以，一定要去练习，去使用啊！不然，看了这么多干货，又有什么用呢？

七、该怎样和上级沟通？给他讲故事啊

01

你们有没有过在某个时刻，觉得自己简直就是宇宙第一大傻瓜？

我有过。

我的第一份工作是负责资质审核，简单来说就是按要求准备各项目的合同、技术资料、施工方案、验收报告、公司相关制度证明、流程证明、陪同审核机构参观现场……

我要和各业务部门沟通协调，请求八方支援。邀请各路大神开会，三拜九叩索求文档。

审核当天我更是使出全身解数配合审核老师。全程笑脸相迎，不敢有一点怠慢。茶水饮料，外加水果拼盘，车接车送，陪同午饭，回答质疑，寻求资源。

让人骄傲的是，在我负责资质审核工作的期间，各项资质都顺利地通过了申报和年审。我成功地坚守了自己“绝不因为自己的工作，给老板添麻烦”的原则。虽然过程跌宕曲折，但是，在我的洪荒之力爆发过后，结果真的是可喜可贺，可口可乐了。

你们以为我因此上升飞仙了？没有。

每次审核结束，我都激动得简直手舞足蹈：“老板，资质审核通过了。”

老板：“嗯。”

咔！心碎的声音。

后来，公司架构调整，资质审核工作转交给了新来的行政主管。在公司的年度管理者工作汇报会议上，她说：

“资质审核工作今年圆满完成了。这项工作太重要了，我有一个朋友的公司，因为没有相关资质，几千万的项目没接到……当然了，这项工作确实难度很大，好几个晚上我都焦虑得睡不着觉……审核条件很多，为了达到标准，在这个过程中，我……审核方很多时候很难沟通，但是我……”

她还没有说完，老板拍案而起：“好！行政部今年在公司盈利上功不可没！”

我突然觉得自己很傻，要知道，她说的这些我都知道啊，她做的那些事和我以前做的没有任何区别啊！我第一次意识到，说好故事，可以让别人亲眼看到你的所作所为，赢得信任和认可。

一个人如果不去展示和凸显自己的能力，他就不会被别人看到。不被看到，就什么都不会得到。

02

丹尼尔·平克曾经说过一句意味深长的话：“未来世界属于高感性族群。”

为什么许多人那么喜欢苹果产品？不仅是因为它的性能本身，更多的是被乔布斯在发布会上的演讲：“iPod播放器，能把1000首歌，装进你的口袋里。”“一个大屏幕iPod+一个手机+一个上网浏览器。”乔帮主形象化的表述，简化了复杂的抽象定义，使产品形象生动，深入人心。

如果你听过马云的演讲，看过他的传记，你会发现他真的是一个很会讲故事的人。不管是面试频频被拒，创业屡遭挫败，还是阐述做企业的初衷，在他口中都变成了一个个鲜活的故事。这使得他的特点在我们心中更加突出，形象变得丰满。

还有扎克伯格、马化腾，俞敏洪、雷军……他们每一个人都是“故事大王”。

科学家们早已证实，近10万年的进化，早已把人类的大脑培养成了故事结构思考的器官。决策不是由处理逻辑、事实、分析的左脑作出的，而是由处理情感、比喻、幽默和故事的右脑作出的。

为什么你但凡一有时间，就会开始刷着各大公众号，根本停不下来。是因为每一篇推送的文章，都是在讲故事。没有人喜欢听大段大段的道理，就如同没有老板喜欢听冰冷的数据一样。

就像《象与骑象人》一书中，海特教授讲述的一个案例。神经学家曾研究过因脑卒中、肿瘤或脑部遭到重击以致额叶皮层部分功能受损，丧失了大部分情绪功能的病人。这些病人没有情绪，但分析推理及逻辑思考能力没有受到脑损伤的影响。

你们以为这些拥有绝对理智的人类会做出最完美的决策？不，失去了情绪功能，他们内心没有任何感觉和喜恶，所以也找不到选择的理由。他们连一个简单的决定都没办法做出，生活几近崩溃。

这就是为什么我们学了那么多博弈论，做了很多关于“囚徒困境”的思考，但每当遇到事情的时候，根本不会，甚至连想都想不起这些的原因。

归根结底，人类是感性动物。单纯的就事论事只会让人记住事情，但不会记住你。

因此，会讲故事的人更能体现自己的价值，发挥影响力，让人印象深刻，同时也能获得更多机会。

03

什么是故事？故事就是时间、地点、人物、起因、经过、结果。突然想起了自己辉煌的小学时代有没有……

什么是好故事？好故事就是时间、地点、人物、背景、冲突、结果。

没有冲突，就没有故事。

如果你常看好莱坞大片就会发现，大概每隔十五分钟，就会有一场冲突。我们在剧情的吸引下，如痴如醉，欲罢不能。

那么，如何让故事思维成为你的职场核心竞争优势呢？

结构一：STTAR模型

STTAR模型是在大家熟悉的STAR模型下的延伸：

S（Situation）：情境

T（Task）：任务

T（Trouble）：困难

A（Action）：行动

R（Result）：结果

在面试的时候，这个工具就非常好用。

不知道你有没有听过这样的自我介绍：“我毕业于某某大学，学的专业是ABC，毕业后我在XX公司担任BB职位，当时负责的主要内容是巴拉巴拉……”

如果在自我介绍环节你只是叭叭叭地完成一套流水账，那么你的自我介绍基本不会给面试官留下任何印象。把简历里所有的内容再背一遍？你当面试官是瞎的吗？

面试官关注的是你知道什么，做过什么，能做什么以及你是怎样的人。

“……我是从程序员做起（背景），有幸参与了公司ERP开发（任务），当时项目的时间很紧张，项目很有可能逾期（困难）。但我意识到，成果来自以终为始的计划。于是我有针对性地自学了项目管理，并将所学用在了工作上（行动）。这个项目如期上线，我也因此获得了晋升，但对于项目管理的学习，我从未停止（结果）。”

看，有谁会拒绝一个有能力，有经验，学习能力强且自律的人呢？

前些日子整理应聘者档案的时候，我发现大约98%的应聘者，我已经根本一点印象都没有了。所有已经成为同事的人中，大约80%的人在面试中曾讲过自己的故事，并且直到现在，我还记得。

结构二：STFMAR

我们在做工作汇报的时候，往往从理性的角度出发，讲事实摆数据。这确实是工作汇报很重要的一部分。但是，在这个层面的汇报，仅仅是停留在就事论事的层面。

真正影响一个人的从来不是理性，而是情感。

STFMAR模型让领导在关注事情的同时，看到我们背后的努力，看到我们与他有同样的动力和价值观：

S（Situation）：背景

T（Trouble）：困难

F（Feeling）：感受

M（Motivation）：动力

A（Action）：行动

R（Result）：结果

“老板，公司这次新业务区域华北区的客户拓展工作结束了（背景）。说实话，因为资金有限，许多计划中的推广活动都不能实施（困难），我当时经常成宿失眠，觉得非常沮丧和挫败（感受），但我知道，华北区客户的拓展对公司具有里程碑的意义（动力），后来我……(行动），截至今天，已新签客户XX家（结果）。”

好吧，如果十年前我会使用这个工具，可能我现在正躺在马尔代夫的岸边喝路易十三吧！

04

关于讲故事的一些注意事项，叮咛如下：

（1）口头语言的影响力低于肢体语言，所以请在讲述过程中注意自己的表情、肢体动作、语音语调。

（2）沟通之前，明确自己的目的，且不要超过两个。

（3）所有的表达必须围绕主题，与主题无关的话没有必要说。

（4）不要背稿，不要背稿，不要背稿。

（5）如果在讲述过程中无法克服紧张，就大胆地调侃：“此时此刻好紧张啊！”因为真诚比掩饰更让人喜欢。

有句话说：在你的才华还无法跟上野心时，就静下心来努力。我想说：在你的故事思维还无法跟上你的能力时，就持续地练习。

因为，**如果你不能激发他人的情感，那么，你就得不到自己想要的结果。**

八、积极主动思维模式，扩大你的影响圈

昨天临下班，JJ熊以瞬闪的速度出现在我面前，单眼皮的双眸凝视着我：“我有件事一直想请教你，为什么你总是这么大条？你就没有烦心的时候吗？”

Excuse me？你们快帮我确定下，他这是在夸我吗？好吧，看在

他表情认真，态度严肃的份上，我选择自恋地相信他。

然后，他就开始和我进行了一场深度的自我解剖，不，是剖析……他说自己总是因为一点小事就负面情绪爆棚，感觉自己的状态越来越丧。

JJ熊先生还举了个最近发生的事。因为马上年底了，公司财务各种催促回款，可是甲方爸爸们各种不配合，给出的理由一千万个没漏洞。JJ熊先生夹在中间就很崩溃了："该做的我都做了，再逼我，我干脆辞职算了！"

我当时很想说的是："快把欠的那顿饭请了先！"但出于人道主义精神，我还是花了一个小时的时间，帮助他改邪归正了。

不知道你们有没有经常听到这样的呻吟：

"真的好不想上班啊！可我却不得不从床上滚起来……"

"喂？今天我晚回去……行了，你以为我想加班吗？"

"离婚怎么了？当初结婚还不是因为你们一直逼我？"

"升职的事看来又黄了，我这辈子也就这样了……"

你们看，世上无好事，只要肯抱怨。

尼采说过：任何不能杀死你的，都会使你更强大。可是，对于负能量达人们，这话就应该是：任何不能杀死你的，都会使你更变态。

负面情绪真的是非常让人内耗的一个东西。在这样的状态下，不要说改变和解决问题了，不极端，就已经是值得让人阿弥陀佛的一件事了。

我们应该如何停止自我消耗呢？

（1）认知归因模式

所有让人内耗的事情，都会让人有无力感。那是因为在这个过程中，我们忘记了自己是有选择的权利的。可是，人生就是一个选择，接着又一个选择。在这个过程中，如果没有了“我”的参与，不感到无力才怪。

人为什么会抱怨？因为根据最小阻力原则，把问题归咎于他人他事，总比承担责任，改变自己来得简单啊！

我们在对每件事说明和解释的时候，都是在进行归因。任何事的归因至少有三个维度。如果我们以某女明星被劈腿为例，进行归因的话：

1）内部——外部

内部归因：我总是因为忙工作而忽略他。

外部归因：娱乐圈太乱了。

2）稳定——不稳定

稳定归因：我太丑了。

不稳定归因：他不该被别人诱惑。

3）可控——不可控

可控归因：如果我再对他好点就好了。

不可控归因：他是渣男。

你们看，对于一件事的解释我们至少可以有12种选择。

所以，我们为什么总沉浸在一个原因里无法自拔呢？

（2）选择的自由

对一件事这样解释和思考，应该是一个主动选择的过程。

史蒂芬·柯维博士在《高效能人士的七个习惯中》以“积极主动”作为所有习惯的基石。

“积极主动”不是说我主动帮同事完成了XX工作，也不是说我每天鸡还没叫就到公司打卡。柯维博士对“积极主动”的定义是：积极采取主动为自己过去现在及未来的行为负责，并依据原则及价值观而非情绪和外部环境来下决定。

简单来说就是，通过自由地选择，为自己的人生负全责。这需要我们：

1）意识到人类的特殊天赋

①我们知道自己是怎样思考的

动物也会思考，可是，它们不会知道自己的思考过程。

人就不一样了，比如我前天问我爸为什么把私房钱藏在冰箱冷冻室，他说他本来想藏在衣服里，枕头里，床垫下……但都觉得不安全。我妈怕凉，所以想来想去，还是放在冰箱里最安全。（希望我妈不会看到这本书……）

②我们有是非观和原则

动物的世界里没有对错。但是，既然我们这么高等，就一定知道杀人是犯法的，霸座是可耻的，裸奔是不文明的……

③我们可以跳出现实去想象

如果你对你的女朋友说“你胖了”，会发生什么？

承认吧，你的大脑里已经有了跪键盘的画面了。

④我们可以发挥主观能动性

我们可以自觉地确定目的，并支配行动，克服困难，以确保目标实现。

比如，你工作的时候有没有过周围十分嘈杂的时候？你当时做了什么保持专注？

再比如，你有过升职加薪的想法吗？你都做了什么事情去推动这个目标实现？

2）摆脱习得性无助

我们在任何事情发生的时候，都可以发挥人类特殊的天赋，选择不同的应对模式。

“如果不是他不刷碗，我能和他吵架吗？”

“要不是上级天天板着张臭脸，我能辞职吗？”

“他踩了我还不道歉，我才骂他的。”

你们看，那个人的样子，好像巴普洛夫实验里的那条狗啊！

如果不意识到我们拥有凭借人类天赋选择的自由，那么我们就会永远在刺激和反应间做着简单的条件反射。

3）建立积极主动的信念

用积极主动的信念代替消极被动的信念。

当你又要说“算了吧”的时候，请问问自己“还有没有其他方法”。

当你想说“要不是他……”的时候，请换成“如果我当时……”

当你想大叫“我是被迫的”那一刻，请这样对自己说“与其……我宁愿这样选择”。

当你想挫败地低语“这是不可能的”的瞬间，请告诉自己“我只是暂时还没成功”。

当我们不再把自己选择的权利拱手他人他事的时候，就会相信，任何问题都有三种以上解决方案。

4）改变原有信念

建立积极主动的信念为什么那么重要？

我们总是认为因为发生了某事A，所以引发了结果B。比如：

因为下雨了，所以我不能出去浪了。

因为事情太多了，所以我才加班的。

总之就是，因为那样，所以这样。就好像我们身上有个按钮，只要发生了一件事，我们的按钮就被迅速按下，我们即刻自动反应地做或不做某事。

美国心理学家埃利斯在20世纪六七十年代，提出了ABC认知理论。ABC理论指出，激发事件A并不是导致事件结果C的直接原因，结果C产生的直接原因是我们的信念B。

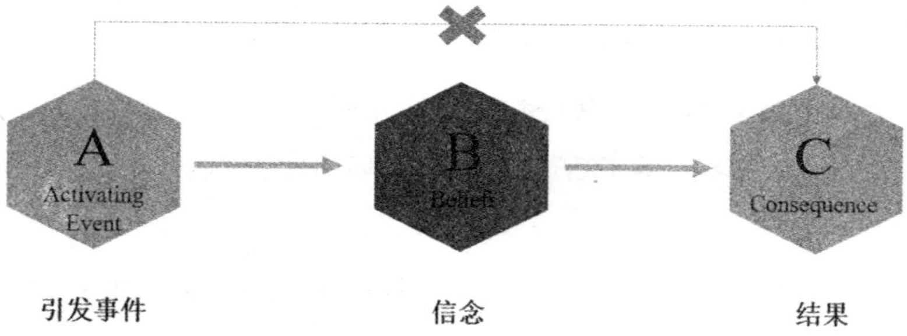

ABC 理论

我不出去浪（C），不是因为下雨了（A），而是因为我觉得下雨很冷（B1），我觉得会把鞋弄脏（B2），我怕花妆现出原形（B3）……所以，我不出去浪了（C1）。

当然，如果我的信念是：雨中漫步太惬意了（B4），雨中狂奔好潇洒啊（B5），发烧了就不用上班了（B6）……我可能就毫不犹豫地出门了（C2）。

面对一件事情，我们可以有N种信念。在不同的信念下，我们会产生不同的情绪，或做出不同的行为。

当手头工作太多的时候，如果你认为沟通是解决问题的最好方法，你就会尝试与上级沟通减少工作量。如果你信奉三十六计走为上策，那你就会辞职。如果你坚信所有的付出一定会有回报，那你就会勤勤恳恳加班，积蓄实力。

前些日子，公司一个小鲜肉失恋了。我本来还想给他安慰鼓励举高高，结果他说：“我的人生又有无限可能了！”

拉出去，枪毙!

所以，如果你总对某些事怨声载道，总因为某些事搞得状态异常糟糕，那么，你真的该停下来，好好看看对于这件事你的信念B是什么了，然后有选择地换成几个新的，你就会发现，可能会有的结果原来不止那一个。

就像维克多弗兰克尔在《活出生命的意义》里所说：你无法控制生命中会发生什么，但你可以控制面对这些事情时自己的情绪与行动。

你们说，为什么总说“除了生死，都是小事”？因为这个世界上，除了生死，所有的事情都是我们决定的。

很喜欢周国平先生说过的一句话：对于一个洋溢着生命热情的人来说，幸福就在于最大限度地穷尽人生的各种可能性。

生而为人，最大的智慧不是绞尽脑汁地在夹缝中求生存，而是披荆斩棘地去开拓更多的可能。你准备好给自己更多的机会，去尝试人生不同的可能性了吗?

九、产品思维：将别人忽略的变成你的优势

01

美琪琪最近抽风了，从来不加班的她开始加班了。

她买了很多书，办公桌已经放不下了，于是部门的柜子被她临时征用了，害得我的零食都没地方藏。

美琪琪说自己要做最奋进的培训经理，要颠覆之前的课程，要开发新的课件。

有这样的下属我还能说什么？如果部门每个人都像她一样，那我就可以只拿钱不干活了，想想就好兴奋啊！

我本来还在脑补“退休”生活，结果刚培训完的美琪琪挂着一副丧到家的表情来找我。她憋了足足两分钟，终于挤出了两个字：“挫败！”

我问她：“培训效果不好？”

“一共八个人，两个睡觉的，三个玩手机的，两个皱眉头的，还有一个出去接电话就再也没回来……”

好吧，这确实有点……丧。

我问她：“关于课件，你的设计思路是什么？”

“当然是应该培训什么我就讲什么啊！”

“应该培训什么？”

“入职培训，当然是介绍公司，讲解制度和企业文化啊！”

有没有特别讨厌公司培训的同学？麻烦举个小手，尤其讨厌入职培训的，请举双手……

很多时候培训之所以效果不好，是因为培训师太局限在自己认为的“应该”里了。他们总在想自己应该讲什么，应该怎么讲，却从没想过大家想听什么，更没想过大家想以怎样的形式参与其中。

后来，她递过来一张pizza，企图收买我，让我告诉她该如何调整。你们说，我是那么没有原则的人吗？

那个，麻烦把番茄酱递我下……

当我们的视角还放在专业，方案和经验上的时候，充其量只会得到效率。只有当我们把视角转到客户，探索和成果之后，我们的产出才会有价值。

02

现在的竞争压力越来越大，这种竞争不是来自就业本身，而是平台，资源和层级的竞争。如果一个人不具备核心竞争优势，他就很容易被轻易取代，也很难跃迁到新的层级或平台。

什么是核心竞争优势？就是“人无我有，人有我优”。一项工作，如果别人的产出与你相比同质同量，但却比你更便宜的时候，你的替代性就很高。同时，如果你没有更好的创意或思考，你基本没有机会走出原有的圈子。

李笑来曾在《财富自由之路》中写道：一切创意制造可能都属于这个类别，必须用产品思维去思考问题。产品必须是刚需，还必须是消费者心里真正以为的刚需。

那么，究竟什么是产品思维？

好吧，说到产品，你们会想到什么？手机，微信，抖音，甜甜圈？总之我们会认为“产品”是一些实体东西，手机软件或者互联网产品。但事实上，我们工作中的任何事都可以看作产品。如果你是一名求职者，简历就是你的产品。如果你是一名HR（人力资源），你组织的活动就是你的产品。你的自我介绍，你的工作汇报，你发出的邮件，你的项目计划……所有这一切，都是产品。

产品能力，是让一个人最踏实的底层能力，是一种动手能力，也是一种掌控能力。每个人都应该用产品经理的思维，来提升自己的专业能力，以拥有核心竞争优势。

03

习大大说过：“时代变化了，但从群众中来、到群众中去的工作方法不能变。”

这句话太带感（酷）了！产品思维，归根结底需要我们站在用户的角度思考和解决问题。产品的需求应该来自用户，并服务于客户。

比如美琪琪的培训，如果能用产品思维去设计，培训完她就一定会踏着七彩祥云回来的：

（1）同理心

同理心就是指，能够体会他人的情绪和想法、理解他人的立场和感受，并站在他人的角度思考和处理问题。

我们需要意识到，我们并不懂得别人。每个人，每个群体都有自己的价值观，感受和喜好。这就需要我们带着同理心，从用户的角度出发。

在你做一项工作之前，你有没有想过你服务的用户是谁？他们的需要是什么？他们正处在什么情景下？

如果没有这些，那么我们的一切努力都只是自嗨。

（2）开放心态

产品思维最怕的是“我以为”“我觉得”“这个应该”。

手机竞争一直是产品竞争最激烈的版块，而小米手机这匹黑马，从2011年第一代产品发布，用了三年时间做到了中国第一，世界第三。

小米手机创始人雷军曾说过：“当前社会带给移动互联网的机会很多，我直到40岁才明白，人欲即天理。”

一款好的产品，一定是要能满足用户需求的。问题是，许多时候，我们总是想当然地以为客户的需求应该是什么什么。一个人的主观判断性越强，离用户的真实需求就会越远。

心理学上有个概念叫“证实性偏见”——当我们在主观上支持某种观点时，我们就会倾向于寻找那些能够支持我们这个观点的信息，而忽略那些能够推翻我们观点的信息。

获取用户需求的前提，就是清空自己，对他人保持开放心态，去尝试接受别人的三观。

（3）切准需求

确定需求，是产品思维的关键点。因为如果方向错了，走得越远越失败。需求就像地基，地基不扎实，楼盖得再高再好也得塌。

如果你不知道客户的关注点，标书讲得再流利也是白搭。如果你不知道业务部门目前正面对的挑战，面试的人再多也没用。如果你搞不清员工到底想要什么，活动办得再热闹也是完蛋。

想要切准需求，不能只听用户说。比如有人和你说他想减肥，你给出的不能只是“游泳健身了解一下”，因为减肥可能只是他的表层需求。你要去挖掘他的深层需求，他可能是想要拥有良好的自我形象，也可能是希望自己更健康。你甚至需要上升到人性的层面去探索，你可能会发现他其实想获得更多的尊重，希望自己可以被欣赏。

每件事情，我们至少应该把一半的时间放在需求采集上，因为需求不同，你提供的产品就不一样。所以，弄清楚“为什么做”，比“怎么做”重要得多。

连罗胖儿都在跨年演讲里讲道：用人的体验丈量世界。

如何切准用户需求？为你们种草5W2H分析法。它是由美国陆军兵器修理部在二战时期创立的。在做需求分析的时候真的超好用：

Who（目标用户或目标用户人群）

What（用户有什么痛点）

Why（为什么要解决这些痛点）

When+Where（用户的使用时间和场景是什么）

How（功能如何实现）

How much（需要多少成本）

你在完成一项工作的时候，有思考过这些吗?

好了，集体面壁五分钟。

（4）迭代

一款产品完成，并不意味着万事大吉，我们需要总结和迭代。

如果你对自己的标准仅仅停留在做完就完，而不去思考和总结，那么你的能力水平就会一直停留在原地。这就是为什么有的人很难进步和跃迁的原因。

任何一项工作，我们都应该用产品经理的视角去PDCA：

P指Plan，即对任务的目标的确定，以及合理的执行方式；

D指Do，即执行，按照计划行动；

C指Check，即核查，找出目前工作存在的问题或改进点；

A指Action处理，即总结成功的经验，对没有解决的问题和改进点，提交到下一个PDCA循环中去解决。

PDCA不是运行一次就结束，而是每次都将未解决的问题提交进入下一个循环，螺旋上升。

我们在执行的过程中不断发现不足，并提高自己的标准，然后循序渐进地不断迭代。

产品思维是一种重要的能力，同时，这个能力会深刻地影响其他能力。

为什么许多人想不到？为什么许多人即便想到了也没有付诸行动？因为懒啊！

如果我们总是抱着知道就行，看过就好的心态激动感叹一番，然后转身依旧去“差不多就行”地做事。那么，我们凭什么过上自己想要的生活？

成长是一件需要付出辛苦和耐心的事，是需要对抗那个贪图享乐的自己的。就像《少有人走的路》的作者所说：人之为人，或许就在于我们可以改变本性，超越本性。

光说不练，你们会不会说我是骗子啊？好吧，片尾彩蛋！美琪琪用一张pizza从我这里换去的工具分享给你们，它好用到不管什么工作，只要直接回答问题就好。

从不同角度出发进行思考和总结的问答表

类别			问	答
从客户出发	客户思维	客户是谁	使用这个产品或服务的客户是谁	
			最主要的客户是谁	
			为什么	
			他们有何共性特征	
		客户困扰	客户在什么时间、地点、人物的场景下是怎么解决原有什么问题的	
			在用这个产品之前，在用什么产品	
			用其他产品时，过程中的体验如何	
			用其他产品时，过程中顾虑什么	
			用其他产品时，过程中的不便都有什么	

（续表）

类别			问	答
从结果出发	简约思维	客户想要什么	功能需求	
			非功能性需求	
			情感诉求（兴奋于什么）	
			核心需求是什么	
			我先满足什么需求	
			再满足什么需求	
			暂时不打算满足他的哪些需求	
			为什么这么定需求的优先级	
			所有需求的优先级	
			对用户来说是什么	
			能否帮助用户完成一些必需的事务	
			这些价值是否符合企业的整体战略目标	
			这些价值符合了企业的什么整体战略目标	
			这些价值是怎么符合企业的整体战略目标的	
			从业务层面看到什么能改善业务	
			定价策略	
			盈利模式	
			收益分析	
		化繁为简	用户是否能明白如何使用它	
			客户能多快地理解和使用它	
			几步	
			用户每次使用的时候，是否都需要重新学习	
			用户能找到他们需求的东西吗	
			用户是否能够方便地完成操作，达到目的	

（续表）

类别			问	答
从探索出发	极致思维	超预期	我的产品会在哪里超越客户的预期	
			我的产品在哪里令客户感动	
			客户向他人推荐我的可能性打几分	
		客户参与	客户推荐我们时，怎么才能便于他推荐	
			从哪儿了解到我的产品（推广渠道）	
			我的产品是怎样建立与客户的良性关系的	
			我的产品看起来怎么样	
			客户看到我的产品，从视觉上会用哪几个词来形容	
			客户为什么记住了我的产品	
			我的产品有售后服务吗	
			售后服务的时间、人物、提供方式是什么	
	迭代思维	微创新	我现在最容易创新的地方在哪里	
			产品何时上线	
		快速	我如何获得客户的真实反馈而快速改善	
			如何针对问题进行改进	
			实际运营效果和计划的差异是什么	
			为什么	

第三章

NLP 教练技术：让你遇见未知的自己

一、大脑工作原理

上次骑马的时候，因为我太放荡不羁，摔了。所以我现在正躺在床上思考人生。

真庆幸，摔坏的只是我的肩胛骨，不是我的脑袋。所以，为了庆祝一下，让我们来八卦一下我们的大脑吧！

不过，在八卦之前，我们先来聊一聊NLP（Neuro-Linguistic Programming，神经语言程序学）和教练技术。

NLP诞生于1970年的美国。

Neuro是指神经系统。我们的神经系统是通过视、听、触、味、嗅这五种感官表象系统来接收和处理外界信息而运作的。

Linguistic是指语言。我们通过神经系统感知世界，通过语言同世界沟通。NLP将语言分为有声语言、无声语言和肢体语言。

Programming是指程序。不管我们是通过神经系统感知世界，还是通过语言和世界沟通，都是基于创造出这些程序的大脑组织。NLP中所说的大脑，既包括脑科学在内的脑组织，也包括心理学所涵盖的思维、信念和情绪。

教练技术起源于运动场。

当时的网球教练添·高维先生在一次偶然的教练事件中发现，只要让学员把注意力集中在网球上，并对学员提出一些诸如“你的身体如何调整，才能接住飞来的网球呢？”这样开放式的问题，即便是完全不会打网球的人，也能在20分钟内熟练打球。

随后，在很多专业人士的共同努力下，这种崭新的管理技术——教练技术就诞生了。

可以说，NLP教练技术就是将NLP的研究应用于教练技术的一门学问。

说完了NLP教练技术到底是什么东东，接下来，就开始八卦我们的大脑吧！

第一，人类大脑为什么这么厉害呢？

我们大脑的重量大概是体重的2%，但这2%的重量，却掌管着我们身体的全部机能，情绪、记忆、决策……就像你们在看这段话的时候，大脑里正在上演着数千万神经元的放电party。

我们的大脑可以简单粗暴地分成三个区块：大脑皮层、小脑和剩余脑区。大脑皮层的神经元数量决定了我们的智力水平和认知能力。

这就是为什么大象的大脑重量是人脑的三倍，却没有我们聪明的原因。疯狂的科学家通过研究发现，大象脑子总共有2570亿神经元，但其中98%都存在于大象的小脑中，大脑皮层神经元数量只有56亿，仅为人类大脑皮层神经元数量的35%。

果然，浓缩的都是精华。

前额叶皮层位于我们的大脑皮层，是人类进化过程中，唯一的一个新增物。它主要负责看、听、语言、行为、思维、规划、决策……大脑这部分区域让我们变得和所有动物不同。

感谢前额叶皮层！如果没有它，我此刻也许还正在和一头野猪PK，正在为了和它争夺面前的猎物而殊死相拼……

第二，大脑需要很多能量。

虽然大脑的重量不过1500克左右，但却消耗着我们所需能量的

25%。所以，我决定早饭一定不能只是一个饭团了。因为算起来，我每天至少有一顿饭是为我的大脑吃的。

我们的身体摄入的葡萄糖和代谢物质被血液吸收，然后养分经血液存到各组织的细胞里。当然，在这个过程中，我们的身体也会产生很多由过剩电子构成的垃圾，会对我们的身体造成损害。

在这个关键时刻，氧气就很重要了。我们的血液会携带氧气，它可以吸收过量的电子。这些电子可以被氧气转化成二氧化碳，再通过我们的肺呼出体外。

这就是为什么运动很重要的原因了。运动可以增加我们的血流量，而且还可以产生新的血管。同时，会将更多的氧气带入我们的身体，参与大脑的工作中。

同样，千万不要节食。因为很有可能最先瘦下来的不是你的身体，最先垮掉的是你的大脑。

第三，大脑的注意力只能处理一个任务。

我们可以一边听歌一边开车，可以一边刷手机一边说话。我们这里的任务是指需要注意力的任务。

科学家波斯纳曾推导出一个关于注意力的理论，波斯纳的理论指出，我们大脑是三位一体模式：

大脑第一个系统的功能是监视和戒备。当你正在制图，手机突然想起的同时，你大脑立刻拉起了警报。

第二个系统称为定向网络。我们的注意力会从之前从事的事情上转移到刺激源，我们企图抓取更多刺激源的信息，以决定下一步行动。于是，你拿起手机，查看来电号码。

第三个系统是执行网络。具体来说就是“怎么做”，可能涉及：评估后果，调整情绪，计划实施，或者忽略不管。如果电话是女朋友打来的，你会急忙接通。如果是甲方爸爸，你可能先要进行几下深呼吸。如果是骚扰电话，你会直接挂断并把它扔到一边。

所以，当我们正在进行A工作，随后A工作被B事件打断时，大脑的工作过程如下：

①准备开始A工作，大脑里的血液迅速涌向前额叶皮层。

②大脑搜索A工作相关的神经元，发现后立即将它们唤醒，建立规则。然后，开始A工作。

③B事件出现。于是大脑终止刚刚为A工作建立起的规则。

④大脑搜索B工作相关的神经元，然后唤醒它们，建立新的规则。

以上过程不能跳步，每一步都是按顺序进行，想一想就觉得心好累啊！难怪当我们手头的工作被打断，回过头来总会想“我在哪？”“我是谁？”“我在做什么？”……

早有研究表明，如果我们正从事的工作被打断，需要比原来多50%的时间才能完成，同时，出错概率增加了50%。

（1）短期记忆和长期记忆

我们的记忆分为表述性记忆和不可表述性记忆。“吴亦凡是天蝎座”“黄焖鸡米饭是辣的”，类似这些是表述性记忆。类似于骑车、骑马、走路、吃饭……这些是不可表述记忆。比如，我问你一般骑车的时候你是怎样的姿势？吃饭的时候你是右边嚼，左边嚼，还是不一定？这些是不能用我们自觉意识体验的记忆。

当信息进入我们的大脑，它就被随机切成了碎片，这些碎片被不同感官信号重新分配并存储，大脑在这个过程中的变化，形成了记忆痕迹。

短时记忆，也叫做工作记忆，简单来说，就是我们在有限的一段时间里记住信息的能力，这段时间短到大概不到一分钟。如果信息不能以更持久的形式转换，或者这个时候我们将注意力移向别处，那么，它就会和我们say goodbye了。

负责工作记忆的是大脑中顶叶、额上回和额中回三个区域，不是整个大脑。我们视觉工作记忆和听觉工作记忆在刺激下会发生重叠，因而产生干扰。重叠越多，干扰越大。你们看，工作记忆的存储空间非常有限，所以，我们的脑子很容易在这种情况下发生卡壳。

长期记忆就不同了，它的存储量几乎是无限的。只要某件事进入了你的长期记忆，哪怕过了N年，你还是可以很容易地回忆起来。

那么，如何将短期记忆转化为长期记忆？

1）重复记忆

赫尔曼·艾宾浩斯提出了遗忘曲线，指出我们的记忆会呈曲线规律遗忘，最开始的时候遗忘得最快，然后变慢，再然后基本就不会遗忘了。

所以，如果我们希望所学的东西能长时间保存在我们的记忆中，就需要间断性重复记忆。记忆周期是5分钟、20分钟、1小时、12小时、1天、2天、5天、8天，14天后就会记得很牢。

2）意义加复杂化

当我们的短期记忆越精细深入，那么形成的记忆就越强大。也就是说，我们对某个东西赋予的意义越多，思考得越深入复杂，那么它就越令人难忘。

我们可以在一件事发生后，马上思考或者将它详细地分享出来，这样做会大大增强我们对这件事的记忆。所以我特别喜欢培训工作，因为分享才是最好的学习方式。

3）关联情绪和场景

当我们大脑对信息的编码环境和检索环境一样的时候，更容易回忆起信息。这就是为什么我们突然忘了要做什么的时候，重新回到刚才起身的地方就会马上想起它的原因。

当我们将信息产生时的场景和情绪，与信息本身进行关联得越多越紧密，越有助于我们长时间地记住它们。

4）遗忘

是的，你没有看错。遗忘其实对我们有着非常大的作用。分清优先主次对我们来说是很重要的，如果所有的事情都被记忆，那么当我们提取记忆的时候，将会变得异常困难。小时候奶瓶的样子，初中时候的所有知识，初恋的血型和生日……如果我们给这些并不重要的事情赋予同样的优先权，那么无疑是一种脑力浪费。

用一句非常鸡汤的话说就是，放下，是为了更好地前行。

（2）大脑也有性别

我们的左右脑主要靠一组神经纤维连接在一起。研究发现，女性左右脑的连接更多，所以语言能力较男性更强，说话更流利。怎么样，是不是瞬间产生了女友叨叨叨的既视感？

从脑区功能分布来看，男性左脑负责语言能力，右脑负责空间能力，但女性的左右脑分工就不明显，两部分都有这些能力。所以，男性从事类似于驾驶等事情时，依旧可以天马行空，侃侃而谈，但对女性来说就很困难。

另外，男性只能用右脑处理情绪，女性却可以左右开弓。所以对女性来说，表达情绪更容易。

（3）大脑具有可塑性

虽然我们的大脑每天大概损失3000个神经元，但也在继续增加着新的连接，产生着新的神经元。

《浅薄》的作者指出，即便是成年人，甚至老年人的大脑，都具有可塑性，可以发生新的变化，不断形成新的神经回路，并且这些神经回路可以不断得到强化。

一个习惯的养成，就是神经元强化的过程。本来从事这方面工作的神经元极其细小，伴随一次次的强化，它们就变得更加粗壮，进而形成我们会优先选择的思维或行为。

我们都知道盲人的听力比其他人好，我们也见过有人用嘴写字，用脚穿针。所有这些，都是大脑可塑性的体现。

即便AI时代已经到来，但我们的大脑依旧是这个世界最神奇的东西，就像拜恩在《魔力》里说的一样：感谢你美妙的大脑，这个世界没有任何电脑科技能够复制它。

二、三脑合一：用不一样的方法，理解你自己

01

熟悉我的人都知道，我特别喜欢骑马。

刚学会骑马的时候，我有天自己骑行了很远，过河上山的那种完全掌控的感觉，简直爽翻啦！

当我们快回到出发地的时候，我发现我迷路了。我怎么也找不

到回去的路，不断地在岔路口归去来。环顾四周，视野可见范围连一个人影都没有。出发时我因为担心手机坠落，所以并没有携带。好悲惨！

在这个过程中，我的马也开始变得不听话。我让它往南，他偏偏要往北。好吧，其实在那个时候我根本分不清哪边是北。总之就是，马各种违抗，我各种控制，在烈日炎炎下，我俩上演着各种版本的控制与反控制大戏。

NG了好多次之后，我终于看见了一个老农从田地走出来。我就像遇见上帝一样，激动得差点哭出来。老农耐心地为我指明了回去的路，我在二十分钟后，平安到达。

马场的马主听我哭诉完自己的悲催后，哈哈大笑说："其实那个时候你最应该做的，就是什么都不要做，这样马就会带着你回到马厩的。"

我们大脑中的一部分就像是马，另一部分就像是骑手。如果我们不知道大脑的运作模式，那么我们就会经常不遗余力地进行各种思考和决策，搞得自己筋疲力尽，可是事情的结果却很糟糕。

02

神经系统科学将人的大脑概括为三部分：本能脑、情绪脑和逻辑脑。

（1）本能脑

本能脑也叫"爬行脑"，如果你愿意，也可以称它为"蜥蜴脑""青蛙脑""壁虎脑"……

本能脑位于大脑最里层，是大脑最最古老的一部分，它的进化已经超过一亿年。95%的大脑活动都产生于这里。心跳、呼吸、脉搏……我们所有无意识的行为都来自本能脑的运行指令，它的运行速度是逻辑脑的8万倍。想象一下你不小心把手贴到了热锅边上时自己的反应，就可以理解了。

尽管我们经过了几百万年的进化，才站到了食物链的顶端，但是我们的本能脑却没有做出任何改变。请起立，集体默哀……

可能你此刻正拿着Kindle（电子书阅读器）看这本书，但是你的本能脑依旧认为你是在草原上奔跑捕猎的猿人。本能脑最基本需求就是：避免危险。

所以，在我们遇到刺激或危险，感到不安全的时候，我们会立即进入“攻击或逃跑”的状态。

你们有没有过这样的经历：领导突然黑着一张脸出现在你办公桌前：“忙完手里的工作来我办公室一趟。”怎么样？有没有感觉到心跳加速，双腿因血流速度加快而略感绵软？那是因为你的本能脑已经为你做好了逃跑准备。当然，你也可能觉得双臂充满了力量，那是因为你正准备和他开始一场厮打……

我们的本能脑像个忠于职守的警察，时刻在警惕危险的发生，以确保我们是安全的。当然，有的时候它却是会“防卫过当”，可是，看在它那么古老落后的份上，就原谅它吧……

（2）情绪脑

情绪脑也叫“哺乳动物脑”，是我们的大脑边缘系统，已经进化了近500万年，它的运行速度是逻辑脑的20倍。所有的哺乳动物都有情绪脑，都会有高兴、生气、恐惧和悲伤等情绪。

你们说，为什么我家的萨摩经常把床单挠烂，我却还给他买肉骨头？因为爱啊！因为我和它的大脑有98%的结构和功能是相同的啊！汪！汪！

情绪脑可以把之前习得的东西，与现在正在经历的事情结合起来，但是它却不能想象或思考未来。

情绪脑的特点大概有三个：

1）喜欢维持原状

如果你现在正在减肥，你就知道我在说什么了。你会一面对自己说“我不能再吃了”，一面把手伸向那块点心。

又或者，你看到程序员猝死的新闻后，警告自己今天必须早睡觉，却在夜里12点的时候，还不忍心放下手机。

情绪脑太喜欢维持现状了，对它而言，一直维持不变的事情才是安全的。

2）考虑问题的方式是“非此即彼”的

对于情绪脑来说，只有“好”或“坏”，“有”或“没有”，“这样”或者“那样”……用花千骨师傅的话来说就是：“对就是对，错就是错”。黑就是黑，白就是白，情绪脑绝不存在灰色地带和折中。

3）喜欢重复

当我们有情绪产生时，大脑就会分泌可以产生爱和拥抱感觉的催产素，可以产生自豪和自信情感的血清素，可以产生压力和震惊感觉的皮质醇……

这就是为什么我们那么不停地想得到认可，不断地渴望亲密，非常期待惊喜发生的原因。

情绪脑产生的化学物质让我们如痴如醉，欲罢不能。当然，这同时也削弱了我们的逻辑思考能力。

和本能脑一样，情绪脑也是我们的潜意识，是我们不能控制，甚至意识不到的部分。不能看清这一点的人，就会经常自己和自己较劲，觉得学了再多的计划、博弈、决策的技巧也是徒劳。

（3）逻辑脑

逻辑脑，也叫视觉脑，是我们的大脑皮层，拥有16万亿关联神经元。视觉脑的进化时间很短，大概只有250万年，是三脑中的“小年轻”。但正是因为它的出现，我们才变得和哺乳动物不一样，成了真正意义上的“人”。

逻辑脑的重要特征是基于全局观的视觉规划能力。就像柯维博士所说，想象力是人类独有的天赋，任何事物的第一次创造，都是先发生在头脑中。

逻辑脑可以把我们的计划或战略视觉化，并对此进行检验。

不管你是想和上级沟通涨薪，还是想申请休假，你当时的所说所行一定是预先在大脑中计划、调整、检验、排练过的。

可以预见和思考未来，是我们人类的一种特殊天赋。我们通过这种预见进行判断，并完成决策。我们的三脑分工不同，密切合作。只有我们的三脑统一，意见一致的时候，我们才能够真正地行动起来。

外部刺激在大脑中进行的顺序是：首先，本能脑；其次，情绪脑；最后逻辑脑。

当你要和上级沟通一项棘手的工作时，在你面色凝重地面对他的1/10秒内，他的本能脑便已经预感到了危险，并迅速启用了防御或攻击机制。

所以，你首先需要安抚的是他的本能脑。只有当对方感受到安全时，沟通才会真正地开始。

然后，你就可以通过故事、赞美、价值观唤起对方的情绪。此时，他的情绪脑正在进行判断：这对我来说有好处吗？这会威胁到我原来熟悉的一切吗？

不管你认为要沟通的事情有多么重要或伟大，只要对方的情绪脑认为这对他没有好处，或者威胁到了他熟悉的事物，他就会拒绝。即便他没有直接说出来，他的逻辑脑也已经开始寻找各种线索和理由来证明自己才是对的。同时，他可能会因为负面情绪的唤起，退回到本能脑，随时准备逃跑或攻击。

这也是为什么怒吼型家长往往教育失败的原因。因为在你咆哮的同时，孩子意识到了危险，并马上退回到了他的本能脑。你之后说的那些，他根本听不进去，更不会理解。因为在那个时刻，未来好不好不重要，此刻是不是安全才最重要。

最后，如果对方感受到了安全（包括生理和心理两部分），你就可以跳出当下，用强大的逻辑脑去构想和计划未来了。同理，只有当你感到安全时，你的逻辑脑才会以最好的状态帮助你决策和行动。

本能脑保证了我们身体的安全，情绪脑给予我们情绪上的帮助，让我们的人生因为拥有喜怒哀乐而变得有趣，大脑皮层为我们规划未来和愿景。

当我们的三脑合一时，才会真正地克服一切阻力，去成为我们一直想成为的那个自己。

我们只有理解了大脑的运作模式，才会意识到自己经常卡在哪里。相信我，了解了大脑工作原理后的你在之后与他人的互动中，多少都会有所变化。

因为，看见不一样，才会做得不一样。

三、逻辑层次：帮你重新找回动力

01

有段日子，客服部同事气鼓鱼小姐的状态特别不好。

你们能想象得出一个平时气壮山河，暴躁如雷的人突然变得安静是怎样的一种可怕吗？说实话，那阵子我连茶水间都不敢去了。因为我特别怕看见她呆坐在那里，一副生无可恋的表情。

有天，在我收拾好行装准备逃离办公室的一刻，被她当场抓住。

“玥姐，你能不能晚点走？耽误你几分钟……”

你们说，面对一张马上要哭唧唧的脸，我怎么忍心拒绝？于是，我赶紧一边说着“可以，可以”，一边绝望地脱掉刚刚穿好的大衣。

气鼓鱼小姐说自己的状态特别不好，手头明明有很多工作，但就是行动不起来，感觉自己就好像被什么东西卡住了一样。

她说自己每天下班回到家想起工作的事，都感觉特别有动力和干劲儿，甚至会计划好明天一定要做完的三件事。可是，第二天一睁眼，她就又什么都不想做了。每天都是带着上坟的心情，迈着沉重的双腿走进公司电梯。

“你说，间歇性踌躇满志，持续性混吃等死说的就是我吧？”

气鼓鱼小姐说她最近一直在想这份工作对她而言的意义是什么，想了很多，但却依旧改变不了自己的“等死”模式。

伟大的爱因斯坦爷爷曾经说过：人无法在产生问题的层面解决问题。

我们之所以痛苦无助，是因为大多时候我们都只是在问题的某一层面兜圈圈，兜来兜去却发现怎么也走不出困境。但是，如果我们可以用“逻辑层次”逐层剥开问题，就能真正地找到问题所在，并有效解决。

02

逻辑层次是一种教练工具，最早是由人类学家格雷戈里·贝特森提出，后来由罗伯特·迪尔茨在此基础上提炼并发展出来。这个工具1990年被正式开始介绍，想想那时候我应该还正在看《葫芦娃》吧……

逻辑层次适用于各个领域或个人，它由六个不同层级构成。上三层（愿景、身份、价值观）就像看不见的冰山，指导并决定着下三层（能力、行为、环境）。同时，下三层又会支撑上三层，并有可能通过改变而影响上三层。

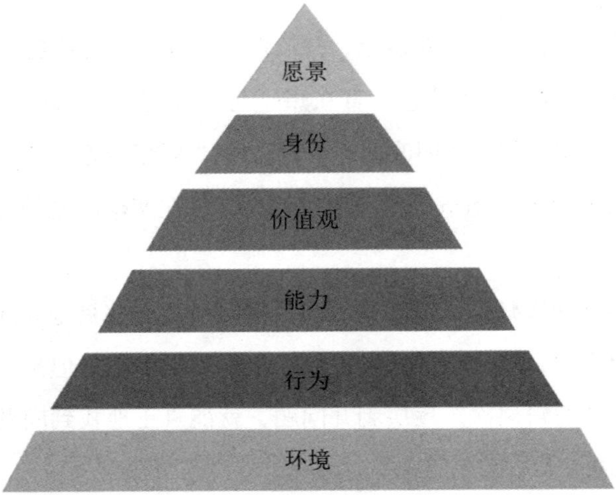

逻辑层次

来啊，让我们来一起“剥洋葱”：

（1）环境

环境层次在最低层，却是最大的一部分，它是指除了我们自己以外的人、事、物、空间、宇宙……巴拉巴拉。这么说起来，有没有突然感觉自己很微小？在这个层面上，我们很被动，只是被动地适应着。

所以，如果你身边经常有人抱怨“我做不到，因为我没有资源！”或是“在这样的公司里，我的能力根本得不到发挥！”那么，可以判断他基本上还处在环境层面。在他的思维里，物资的价值大于人的价值。于是，他只是在等待物资变得充裕，而自己却对此无能为力。

一个人对环境越依赖，能力就越弱。同理可证，一个人掌控资源的能力越强，越是能肩负更多成长的责任，力量就会越大。

（2）行为

你的办公桌很乱，抽屉很乱，文件柜也很乱，于是你花了两个小时把它们统统整理干净了。看到吗？你通过你的行为，影响了这个世界！

在行为层面，我们会通过自己的行为去改变环境，会意识到自己的行为是有价值的。我们会开始关注自己的行为，并不断调整和修正，以求通过努力去影响和改变身边的环境。

当然，勤奋就意味着辛苦，改变就意味着风险。所以，在这个层面的人比环境层面的人又少一些。

（3）能力

如果你总是加班加点，那么你是在行为层面。如果你开始思考怎样做才能在最短的时间，高高质量完成工作，那么你就是处在能力层面了。

如果你只是和上级大叫“我要加薪！”，那么你只是停留在行为层面。如果你开始阅读《关键对话》，学习非暴力沟通，那么你就是在通过提升沟通能力以实现自己涨薪的目标。

在能力层面，我们考虑的已经不再是行为本身了，而是会考虑方法、效果、技术，考虑怎样做才能得到更好的结果，会考虑怎样行动才是更智慧的。

来到这个层面，我们就开始了真正的思考。同时，在这个层面的人群大多都更优秀。

（4）信念、价值观

大家很讨厌“价值观”这个词，有没有？因为它太虚了，太不好理解了。其实，用一个词来解释就很好理解了，那就是“为什么”。我们为什么要做这件事？这件事对我们的意义是什么？为什么事对我是最重要的？

在这个层面的人，不论是环境，行为，还是自身的能力，都不能改变他的信念和意愿，他们知道自己是为了什么而努力，知道做事情的意义在那里。

你们的办公室里有没有每天都像打了鸡血一样，走路快得要飞起来，小宇宙可能随时爆发的圣斗士？他们的激情来自工作上获得的成就感，而成就感来自他们认为这件事有意义。对这个层面的人来讲，不管是资源匮乏，环境有限，还是加班加点，能力瓶颈，都无法摧毁他们的信念。

这听起来简直太带感了！当然，处于这一层级的人，基本就是公司里的精英了。

（5）身份

我最近一直在舔屏《幕后之王》，因为罗晋简直太帅了！当然，我也爱屋及乌地顺便喜欢上了女一号布小谷。布小谷是一个活得特别明白的人，她一直的理想就是成为一个像男朋友一样厉害的制作人。所以，不管再多的困难和挑战，她都能扛过来，并且在这个过程中不断成长。

在身份层面，我们不再以坚定的决心为动力，而是坚信自己就是那个人，不再将自己局限于“老板”“员工”“父母”……而是可以找到内在的力量。当我们成为这个人的时候，我们不再需要外在的认可和鼓励，因为我们的内心有肯定的自我认知，并且会感到由衷的快乐和自信。

（6）愿景

愿景层面关注的是：谁会因我而受益？或者说，你和世界上其他人的关系是什么？处在这个层面的人，对世界的理解都处在精神系统层面。

比如我们的孔子，特蕾莎修女，甘地……当然，也可能是你。

思维层次的六个层面是对应的从属关系：

1）低层级的问题，可以在高层级找到解决办法。但是，高层级的问题，依靠低层级的努力，是很难被解决的。

2）高层级会吸引低层级的资源，但低层级却没有吸引高层级资源的力量。

3）低层级想跃迁至高层级，需要大量的努力，需要循序渐进的过程，而高层级的改变会对低层级有着瞬间和决定性的影响。

03

那天，对于气鼓鱼小姐“工作没有动力”这件事，我没有给出任何建议，也没有分享任何心得，只是问了她10个问题：

（1）准备些什么物品，可以让你更有动力呢？（环境）

回答：布置办公桌、买一个自己喜欢的本子、摆一张偶像的照片。

（2）我们多做些什么，结果可能会更好呢？（行为）

回答：多微笑、每天记录自己的收获、目标达成后奖励自己。

（3）我们可以多掌握些什么能力，以保证得到更好的结果呢？（能力）

回答：时间管理、情绪管理。

（4）你需要怎样的信念支撑你克服这个过程中的困难和阻力？（价值观）

回答：我的每一天都要有意义。

（5）当你是怎样的人的时候，工作会让你觉得快乐和有意义？（身份）

回答：我是专业的职场女超人。

（6）当你成了专业职场女超人，会给身边的人带来怎样的影响呢？（愿景）

回答：我会用正能量影响身边的人，我的家人因为我而感到自豪，我可以通过自己的专业帮到更多的人。

（7）在这样的精神下，看待没有动力工作这件事，你认为怎样的人可以面对？（回归身份）

回答：充满希望和自信的人。

（8）一个充满希望和自信的人，面对工作她会有什么样的信念呢？（回归信念）

回答：只要去做，就一定会有成长！

（9）拥有了这个信念，你会发挥哪些能力？（回归能力）

回答：我会对未来充满好奇和热情，不断地去面对问题，解决问题。

（10）那你会做些什么呢？（回归行为）

回答：我会每天下班前总结当天所做的事情和收获，多读励志书籍，去挑战更难的任务。

今年年初的时候，气鼓鱼小姐辞职了。她说“北戴河”的海水已经不能满足她的需求了，她准备到“马尔代夫”去迎接新的挑战了。

有位法国著名诗人曾说过：人是这样的动物，一旦有什么东西点亮了他的灵魂，“不可能”就会消失。

与其在问题层面兜圈圈，不如跃迁到更高层级去解决问题。如果你也陷入了困境，那就在更上层的逻辑层次中寻求答案吧！

四、如何成为你想成为的自己

01

在开始写作以后，总有人会私信我，工作和考研哪个更好，异地打拼或回老家发展该何去何从，对于在专业上精进还是投身热爱的事业如何选择……

这让我想起十年前，自己还是一只职场呆萌小菜鸟的时候，大学同学茜小仙有天来家里找我聊天，说她最近因为工作的事情很困惑……

我当时假装深沉地对她说：“选择什么不重要，关键是你要知道自己真正想要的是什么。”

天啊，当时这句话一说出来，我觉得自己好像是强势女主角附体啊！多么深沉，多么睿智啊！我以为她接下来一定是崇拜到双眼发光说：“哇噢，你好厉害啊!”

没想到她皱着眉歪头问我：“那你知道你想要的是什么吗？”

你们说，她这么不按剧本出演，是不是应该被封杀啊？这太尴尬了啊！还好，她并不关心我的答案，而是挪到了书柜前面看书：“咦？你看你书柜里这些书，什么活出全新的自己，什么按自己的意愿过一生……你看了这么多书都还不知道自己想要什么，那我这也不算什么呀！”

快把我的喷子拿过来！

好吧，其实我很感谢茜小仙，因为这是我第一次意识到，在成为理想中的自己这件事上，励志书看得再多，听过的话再有道理，如果没有系统有效的方法，也不过是在逐日的路上……裸奔。

就像三毛所说：**人生在世，也不过是一个又一个二十四小时的叠加，在这样宝贵的光阴里，我必须明白自己的选择。**

02

不知道你有没有“计划”过自己。

决定减肥，于是戒饭，戒可乐，戒零食。过了几天发现，臣妾做不到，然后又开始吃。吃了几天发现自己又胖了，于是又决定减肥。

决定战胜拖延，于是你学习时间管理，动用全部意志力。当你开始做的时候，你就觉得自己的拖延好像好了，自己好像也蛮可爱的。然后你就会觉得松了口气，心想，我一定要好好犒劳下自己！怎么犒劳呢？我歇会再做吧……

一段关系遇到问题，于是吵架互撕，当你决定要离婚的时候，他来找你，各种亲亲抱抱举高高，于是你们情况好了一些。过段时间，你们又出现了同样的问题，你又要离婚。

有没有想起马克·吐温那句很调皮的名言：“其实戒烟这件事

很简单，我随随便便就戒了好几百次。”

你们看，许多时候我们以为自己是在解决问题，成为更好的自己，但事实上，我们都只是在用不同的形式维持问题。周而复始，不断地重复重复再重复，却始终没有发现问题究竟出在哪里。

在系统论里，关于改变有两个概念：第一序改变和第二序改变。第一序的改变是指状态的改变，第二序的改变是主体本身的改变。比如我的液晶显示器，我把它关机了，这是第一序的改变。如果我很败家地把它改装成了一个20寸黑边大相框，那么这就是第二序改变。

只有当我们自己本身发生变化之后，真正的改变才会发生。

03

我特别认同潇洒姐王潇说的一句话：这个世上，真正的成功只有一种，就是按自己的意愿过一生。

我们每个人都希望可以通过努力，成为自己想成为的那个人，去过自己想过的人生。如果你已经准备好了，那我们就一起上路吧！

（1）你想成为怎样的人

总有人说，很多人二十岁就死了，只是还没埋。那个，我先掩面哭一下……事实上，这些还没埋的人死得其实挺萌的，因为他们当中很多人可能并不是不努力，而是因为从没想过自己想要成为一个怎样的人，所以，挂了。

就像大老师说的，我们一直怀揣着别人为你规定好的自己，然而却总偏离那个规定，希望活出自己的样子。可是……那个“自己”到底是谁规定的呢？

想成为自己想成为的那个人，你必须知道自己究竟想成为怎样的人。

1）日本高管教练粟津恭一郎提出的3V提问法：

Vision（愿景）是你希望且真正渴望达到的状态。

Value（价值）是你在判断事物的时候所重视的价值观。

Vocabulary（常用语）是你平时的对话中最常用到的词汇。

你可以用这个提问方式完成自我提问，直到找到属于自己的答案。

2）回归身份

如果你真的非常懒，那么就请你在20分钟内什么都不做，只回答三个问题：

你最想要的是什么？

它为什么对你如此重要？

当你得到了你想要的，你会成为自己很想成为的什么人？

3）具化目标

如果你真的是懒癌晚期，那给你推荐一个简单的方法：

写下你最崇拜的两位偶像，可以是你的老板，同事，朋友……也可以是导师、作家、明星……

然后，请逐一写下他们身上最吸引你的两个特质。

（2）假装成为那个人

1）路口的相遇

意象心理学有一个经典的技术：找一个安静的环境，调整呼吸。然后，想象自己正走在一条小路，路的远方是一个岔路口。想象一个你的偶像，他正从另一条岔路走来，想象他的样子，他的眼神、表情、动作……慢慢走，慢慢走。在岔路相遇的一刻，你的偶像与你重合，合二为一。从此刻，他就是你的一部分，你和他一样，有着同样的气质，表情和动作。

记住此刻的自己，并在之后不断强化这个形象。

2）模仿你身边的偶像

国际知名神经科学家贾科莫·里佐拉蒂研究发现，我们大脑中有一种叫作镜像神经元的神奇细胞，它储存着大量信息。

所以，我们不用学习什么是高兴，什么是伤心，甚至走路、吃饭、说话这些事也是我们出生前就已经存在于大脑的。就像教练技术的核心理念一样，每个人都拥有他所需要的一切资源。

我们还是个小baby的时候，没有人告诉我们应该怎么坐，怎么爬，走路先迈哪条腿，可我们通过模仿大人就会了。我们不懂五线谱和音律，但我们不用特意学习，一首歌听上几遍就在唱吧打败74%的全国选手了。我们抱着再看就吐的决心苦背单词语法，但远没有身在外文环境中的人进步更快。

镜像神经元有两个重要作用，共情和模仿，这让我们可以通过想象自己亲身经历了他人的行为，理解并习得各种技能。它们是人类发展的基础，促使我们成为现在的自己。

先假装成为那个人，直到真的成为那个人。在保持专注的条件下，最大化地模仿你身边偶像的特质，将让你开挂式成长。

（3）用新习惯代替旧有

一个坏消息是，从某种程度上来说，习惯是无法被彻底消除的。因为我们的大脑基底核就像一个定时炸弹，它负责运动的控制，整合调节细致的意识活动，参与记忆、情感和奖励学习等高级认知功能。只要线索合适，它就有可能被激活。

举个例子，当你觉得特别焦虑的时候，就想抽烟，那么焦虑就是你抽烟这个行为的线索，线索是可控性很小的事。所以，如果你想戒掉抽烟的习惯，不应该简单粗暴地停止，而是应该找到另一件事，作为下次感到焦虑时的替代行为，比如跑步，嚼口香糖，抠脚……

（4）适时奖励

我们的大脑中有两种快乐系统：一种与兴奋的快乐有关，它的传导物质是多巴胺，让你找到热恋的感觉。一种与满足的快乐有关，它的传导物质是类似鸦片的脑内啡。

我们在三脑原理中有说，我们的情感脑太喜欢这些化学物质了。当我们适时奖励自己的时候，我们就会对此如痴如醉，欲罢不能。所以，我们会愿意做更多可以带来奖励的事。

用排除法去过自己的人生，多半最后还是会得到那个不想要的。想成为理想中的自己？那就去“创造”自己的人生啊！

这个世界从来不存在所谓的来不及，就像日本的岩室纯子奶奶，77岁学做DJ，在夜店里摇头晃脑打碟，82岁时考驾照学英语，拉起大提琴……

《无问西东》里的那句台词特别精彩：无问西东，只问自由，只问盛放，只问深情，只问初心，只问敢勇，无问西东！

五、神经可塑性：关于大脑，你最应该知道的

01

你们说还有什么是比和一个麦霸一起去KTV更让人抓狂的事吗？有，就是和一个唱得超好的麦霸一起去KTV。

以前公司同事每次号召一起去唱歌的时候，我都会用一顿饭作为答谢，拉上半推半就的苏凯一起。因为他唱歌实在是太难听了！有他在，我就会毫无压力了，就算随便唱唱也不会是全场唱得最难听的那个。苏凯的嗓音之难听，跑调之可怕，那绝对是KTV出行之必备啊！

今年春节的临近放假那天，花有颜发起了唱歌号召，于是我们一起组团去刷KTV了，毕竟有苏凯在，我怕什么啊？

结果，苏凯刚唱完陈奕迅的《浮夸》，我就赶紧跑去把自己刚点的歌都删掉了，因为他唱得实在太好了啊！好到花有颜以为开了原唱去切换，才发现人家是被冤枉的……

散场的时候，我怀着无比嫉妒的心情质问苏凯怎么突然就变成了歌神，他嘿嘿一乐："练呗！"

然后他很仗义地和我分享他的成功学，从发音技巧的微课，到抖音上的教学视频……他说所有这些他反复学了不下上百次，现在随便打开一节课，他就知道音频的下一句说什么。

"什么微课？你快发我参考参考！"

"光听不管用啊，你要练！我每天至少一个小时啥也不干，就对着唱吧练歌。"

果然是那句老话，你必须十分努力，才能看起来毫不费力。你们说，连苏凯这样的麦渣都能变成歌神，还有什么不可能呢？我突然对自己未来的人生充满了期待。

力克·胡哲在《人生不设限》中说：**错的不是我的身体，而是我对自己人生设限，因而限制了我的视野，看不到生命的种种可能。**

02

之前在埃里克森的教练课上认识了蒂娜，她是一名视觉引导师。在我们三天的课程上她全程作为助教，将讲师所讲的内容全部用视觉化的方式呈现出来。作为从小学到初中美术课从没及过格的我来说，她简直是神一样的存在。

午饭的时候我问她是怎样练就这一身本领的，她说，自己最开始也是抱着感兴趣，试试看的心态，后来报名了一个国外老师的绘画课程，然后通过反复的练习，终于可以把视觉引导作为自己的职业了。

蒂娜说："人的肌肉是有记忆的，通过重复的练习，画起画来会越来越得心应手。"

这么看来，我因为美术不及格被罚站的时候就应该呐喊："我不是笨，我只是懒！"

大多时候，我们之所以在某件事上没有成功，不是因为我们不行，而是因为我们连做都没有开始做。

"我从来都没做过啊！我不行吧？"

"要从头学吗？我没时间啊！"

"需要持续练习？我怕自己坚持不下来啊！"

萧伯纳说过：**人不是在找寻自己，而是在创造自己。**所谓的创造，就是朝着一个方向不断学习、训练、精进的过程。

许多人最失败的地方不是没有目标，而是不相信自己的大脑。

03

我们都知道我们大脑中有怎样的想法，就会产生怎样的行为，但我们却往往会忽略我们的行为反过来也会影响我们的大脑。比如，今天有人说你胖了，于是你特别郁闷，挂上了一张苦瓜脸，这是想法产生了行为。后来你突然意识到自己状态不好，然后刻意调换上了一副菊花般的笑脸，那么你的心情也会变好，这就是行为改变了大脑。

脑神经学家梅策尼希曾经做过许多实验，来证明我们的大脑具有可塑性。

他把刚出生的小猫的一只眼睛缝起来以屏蔽任何信息进入。经过3～8周的视觉刺激关键期，再把线拆开后发现，小猫的眼睛没有任何问题，但却因为视觉区域神经没有发展而终身成了一只“海盗猫”。同时，科学家发现了关于大脑可塑性的一个事实：没有信息输入的那块脑区并没有闲着，而是忙着去处理好的那只眼睛输入的信息了。

这就是为什么盲人的听力会比普通人更好，许多失去双臂的人可以用脚写字的原因。我们的大脑不会浪费任何有用的地方，进而重新建构神经通路。

神经元是大脑的主要构成，我们的大脑约有1000亿个神经元，它的主要功能是通过接受、整合、传导和输出信息实现信息交换。

神经元与神经元之间连接，形成了神经通路，它是我们大脑里的沟通渠道。一旦我们某个特定的神经通路被一个想法或外部信号触发，我们的脑袋里就会有一个电荷沿着这条通路放电，哔哔哔哔，然后我们就会有一种想进行这个惯性行为的冲动。

比如，如果你每天玩“王者”之前，都会先把手机屏幕舔一遍，那就会产生一个神经通路和这个行为关联。之后你一想玩“王者”，这个“舔屏神经元”就会放电，然后你就会开始狂舔屏幕，根本不需要思考。随着这个习惯越来越深，这个神经通路就会变得越来越粗壮，越来越牢固。

我们所有习惯性行为的产生都是基于神经通路，依据最小阻力原则，我们大脑中的电流总是选择阻力最小的路径，所以我们的大脑会首选最粗壮的神经通路进行思考和决策。

我们每重复一次某种行为，神经回路就被增强一次。如果某种行为伴随着多巴胺的释放，那么这个回路的联结就会被强化。我们好习惯的养成是基于此，坏习惯也是。

你们看，许多人一直以来都号称性格、天赋、喜好是不能改变的，事实上，他们之所以做出这个结论，一半原因是他们真的不知道，另一半原因是懒。

04

李笑来曾在《把时间当作朋友》里说：不再让自己成为自己大脑的奴隶，而是选择翻身做主人。

（1）及时戒掉坏习惯

白岩松讲过的故事，当对一个小朋友解释唐人街的名字由来，是因为曾经有个特别有名的卖糖人的住在这里，当这个信息植入小朋友的大脑后，再纠错成本就变得非常高。

戒掉一个坏习惯比学习一个好习惯难10倍。

我们的大脑遵循“用进废退”原则，每个神经元无时无刻不在PK。如果我们停止使用某种行为或模式，我们就会忘记怎样去运作它，同时，它曾经占据的大脑空间也会被我们常用的行为或模式抢占。当我们学会一个坏习惯，它就占据了大脑空间，我们越是重复这个习惯，神经回路将会变得越强，改变它就越难。

（2）用新习惯代替旧的习惯

既然改变坏习惯很难，所以我们就要换一种方式，用新的好习惯代替它。

我们之前有说，快乐会带来多巴胺的大量释放，而随着多巴胺的释放，这个新活动的神经回路就会产生更多的神经联结，然后这些新的神经联结就会和旧习惯的神经联结进行竞争，它们的竞争原则很简单，就是我们刚才说的，用进废退。

我们新的习惯做得越好，频率越高，所占据的大脑空间就越多，旧习惯的神经联结就会慢慢变少，直至消失。

（3）锻炼专注力

如果我们只是自动化地完成某事的时候，我们的大脑地图只会有短时的改变。然而，当我们全神贯注地做一件事的时候，长久的改变才会出现。

所以，《异类》里所说的“通过1万小时持续不断地锤炼，是任何人都能从平凡变成世界级大师的必要条件”这句话是有很大bug的，因为如果这1万小时只是自动化地重复而缺少足够的专注，那么我们的大脑不会产生任何高价值的改变。

（4）一切都不晚

科学家研究发现，我们的大脑会一直不停地长出新的神经细胞，直到我们死去的那天。

哈伦德·山德士在65岁的时候正式成立了肯德基有限公司。富兰克林在78岁的时候发明了双焦眼镜。赖特在90岁的时候设计了古根海姆博物馆。我在30岁的时候才知道水泥搅拌车在行驶中转动的罐体不是被风吹的……

我们可以塑造自己的大脑，所以，我们从来不需要期待来生的重新活过，因为我们可以从今天开始，塑造全新的人生。

六、问对了问题，一切将不是问题

01

同学会，是这个世界最伟大的发明。因为每次的同学会都是一场华丽的show time，想想如果没有了灯光和红毯，戛纳电影节也不过如此。

务实又低调的我怎么能因为要参加同学会而大费心思，浪费时间呢？我怎么能如此虚荣又狭隘呢？要知道，真正的自我价值感不是靠炫耀而来的啊！所有的表面功夫，都是纸老虎！

那个……你们说，到底是紫色的裙子显得更有气质，还是黑色的衬衫呢？

想着在同学会上即将见到大学时代的男神，我就激动得小爪狂挠，搞得家里的卧室简直像极了盗窃现场。

这条红色连衣裙怎么样？不行，太抢眼了，那谁谁肯定觉得我肤浅。

要不白色的T恤？不好，别人肯定觉得我装清纯。

碎花衬衫怎么样？嗯，好像还不错，看着还挺亲和。

要穿高跟鞋吗？我得打开高德地图，是不是要走得太远。

……

当我在衣柜前耗时1小时17分钟的时候，我突然意识到一件事：我不是在穿上我的衣服，而是在穿上我的“答案”。

我们的思考来自我们的提问，然后我们会用行为来回答。我们所有的选择都是经过这样的思考过程的，只不过许多时候是无意识的。

02

柏拉图《美诺篇》中有个故事：

一个小男孩，从来没有学过几何。然后他通过不断地向苏格拉底提问，不断地回答苏格拉底的问题，最终解出了非常复杂的几何题。

苏格拉底说：只要向一个人提问，不需要任何人教他，他就会自己教会自己，找出最终的答案。

我们都知道在QQ软件上升飞神之前，还是小仙OICQ。当时市场上有许多类似的小仙：TICQ、GICQ、PICQ、雅虎即时通……

腾讯当时并没有什么竞争优势，或者说即将被淘汰出局了。

有一天，压力山大的马化腾突然自言自语地提了个问题："我们的用户都在哪上网呢？"

在ICQ软件上，包括朋友列表、聊天记录等所有的用户信息都是储存在电脑里。这就意味着，如果换了电脑，那么连昨天加的好友可能都没有了。

当时中国的电脑还不普及，想想我那个时候应该每天就正在网吧经历着"关机！重启！换一台！"的洗礼。

于是，马化腾发现了这点，将OICQ进行了改造，把朋友列表和所有的聊天内容都放置在了服务器上。这样，无论用户使用哪台电脑上网，都可以看到以前的好友和聊天记录了。

正是基于一个好的问题，QQ在2000年一统江湖，成为即时通信工具的武林盟主。

解决问题最佳的方法，是改变问题。

如果当时马化腾捶胸顿足地发问：为什么有这么多的竞争者？我的团队怎么想不出突破口？我怎样才能守住我的疆土？……那么，估计我们约见网友的速度可能会延迟几年。

你们看，如果没有最好的问题，我们就不能得到好的答案。如果没有好的答案，我们就不会产生好的行为。

就像《批判性思维工具》里所说：**答案其实并不能推动思维的发展，真正能推动思维发展的是问题。**

03

提问的过程，就是思考的过程。我们的提问方式，就像是电脑操作系统，指引着我们的行为。如果有谁过得不快乐，不成功，那么一定是他的提问模式发生了问题。

之前有一个实习生，平时工作还是挺努力的，可大家都不太喜欢他，都觉得他是一个负能量载体。

你们知道，我是一个非常八卦的人，所以听大家这么评价他后，我真的好好观察了这位实习生同学几天。

听到部门同事被客户投诉了，他会说："啊？这样啊！他们会不会因为这件事不和我们续签啊？公司会损失很多钱吗？"

因为马虎被上级批评了，他会问同事："你们有没有发现boss特别讨厌我啊？他是不是对我有成见啊？"

当自己的方案被客户否定时，他就会在朋友圈吐槽："一宿的加班成果就这么被毙了，我怎么这么糟糕？我为什么总是这么倒霉？"

虽然我觉得他还蛮帅的，但是对于这样的人，我确实也有点喜欢不起来。

梅若李·亚当斯博士指出，我们生活中的每一刻，都面临两条路的选择：评判者式发问和理解者式发问。

评判者提问模式：

应该怪谁？

我怎么了？

我可能损失什么？

我怎么才能证明自己是对的？

当我们问错了问题的时候，错误的问题就会把我们带到自以为是，充满优越感或防卫心，会贬低他人或自己，我们也会随之变得失望、沮丧、消极、紧张……

相比之下，理解者提问模式就很带感了：

我想要什么？

对这件事，我可以承担的是什么？

对方有什么感受、想法和需要？

怎样行动会对结果更好？

罗胖儿在2018年《时间的朋友》跨年演讲里，用“做事的人”和“不是做事的人”做了华丽开场。

他定义这两种人的区别就是提问方式：不是做事的人的问题都是抽象的，做事的人的提问方式是着眼于事情本身的，他们只关心如何把事情做好，让自己的生命处于上升状态。

04

当评判者还在挣扎抱怨的时候，理解者已经学会了如何最大限度地利用目前的情形解决问题。

前者仅限于情绪的发泄，后者却聚焦于自我的提升。

我们总是很疯狂地寻找最正确的答案，可我们却不知道如果自己的问题本来就是错的，那么寻找得越拼命，也就越失败。

那么，如何通过改变提问方式，让自己找到打开人生的正确方式呢？

（1）观察

真正的选择，是从观察自己的思维开始的。

我们之所以经常会有负面情绪，是因为我们总是让自己深陷其中。当发生一件事情的时候，尝试跳出当事者身份，想象你就是一台摄影机，用第三人的角度去看当时的画面。

画面中的你是怎样的表情？对方是怎样的表情？你是不是又处于了评判者的位置？你的内心在提出怎样的问题？

（2）看清事实

在知乎里看到一句话，觉得特别有道理：**凡事先问是不是，再问为什么。**

同事在会议上反驳你的议题，于是你感觉自己受到了成吨的伤害：他为什么攻击我？因为他狭隘！因为他哗众取宠！因为他一直不怎么喜欢我！因为……

本来你可以选择更好的问题：他说的是不是对的？我有哪些方面可以改进？我们一致的地方有哪些？

你们看，错误的假设会把我们带到错误的方向。弄清事实，放下假设，才能发现自己和对方真正的需要是什么。

（3）转化问题

我们面对任何事件的时候，都可以当即选择提出任何问题。事件不会改变，但我们可以改变应对它的方式，这就是《活出生命的意义》中所说的“人类的终极自由”。

当我们的思维处于“过去式”的时候，我们就特别容易陷入带有抱怨或批判性的负面情绪中，同时，我们的关注点也早已不再是如何有效地解决问题。

正确的提问一定是基于当下和未来的：

我在做哪些假设？

事实是什么？

我真正想要的是什么？

我该为哪些事负责？

我还能用什么方式看待这个人?

对方此刻的感受和需要是什么?

我有哪些选择?

通过这件事，我可以学到什么?

怎么样? 当你面对这份问题清单的时候，是不是觉得整个人都轻快了起来?

不用要求对方也要这样做，在面对一件事的时候，谁先觉醒，谁就将掌控全局，扭转局面。

问题本身比问题的答案更重要。就像VISA公司的创始人所说：改变你的问题就能改变你的思维，改变你的思维就能改变你的人生。

七、学会自我提问，解决 90% 的职场问题

01

新年第一天，我背着老公悄悄躲在卧室算小账。取整去零，四舍五入后，我发现自己去年一年用在学习和自我提升上的费用是四万元。想想老公申请了好久要换一把新的电脑椅，在我狠心拒绝多次后，终于导致半坏的椅子不堪重负，把他摔倒在地……好愧疚。

我仔细算了算，学习教练技术的成本最高。在此，请允许我向杨树林口红、香奈儿包包、施华洛世奇手链、白毛女咖啡……予以诚挚的道歉，我用给你们赎身的钱去学习了，不能给你们一个温暖

的家，是我辜负了你们……

时间花在哪里，成长就在哪里。这句话我很喜欢，因为我同样相信金钱花在哪里，收获就在哪里。

如果只有一种方法可以改变你的人生轨迹，帮你最快最有力地实现目标，那一定是教练技术。教练技术有不同心理学理论作为支撑背景，不同的是，心理学更多关注的是过去，关注一个问题是如何发生的。教练技术关注的是目标，关注一个问题应该怎样去解决。

BBC上曾有一个吸引了很多观众的访谈节目，一名普通的网球教练添·高威用20分钟教会了20个从来没有打过网球的人打好网球。他不是示范规范完美的动作，而只是告诉学习者留意球飞来的弧线，聆听球的声音，把注意力集中在球上。

每个人都拥有解决问题所需要的一切资源，这是教练技术的原则。通过不断有力的发问，每个人都能用自己的方法解决问题。

就像电影《功夫熊猫》里龟仙人说的："你的思想就如同水，我的朋友。当水波摇曳时，很难看清，不过当它平静下来，答案就清澈见底了。"

02

我们每个人都可以是自己的教练，都可以通过自我提问解决一切问题。

（1）明确目标

厘清目标是要我们向内发掘内心的声音，找到那个召唤自己的声音，同时确定目标验证的标准是什么。

首先，目标必须是正面的。我们很多时候总是说"我不想和他吵架。”“我希望自己不是现在的状态，”“我不愿意……”但是，我们好像从来没有问过自己“我想要的是什么”。在这点上，我们必须学会换框，把非正面目标转换成正面目标。

把“我不想和他吵架”换成“我想和他好好说话”，把“我希望自己不是现在的状态”换成“我希望自己每天对待工作充满激情。”，把“我不愿意……”换成“我想要……”

当关注点变了，行为就变了。

其次，目标需要遵循SMART原则：具体化、可衡量的、可实现的、相关的、有时间节点的。这点就不多说了，请结合KPI自行脑补。

举个目标成品例子：“我对自己现在的工作状态打4分，我希望在5月30日前将它提升到满分10分。”

（2）价值激励

我一直都觉得拖延症是一件特别有意思的事，因为几乎所有拖延的人都不是不知道怎么做，而是不做。就像我每次在时间管理的培训上都会和大家说，如果你们是真的不会管理时间，就留下。如果明明有时间但就是不行动，那就不用参加培训了。然后，他们就走了，走了……作为感谢，我送了他们很多茶歇的零食。

所以，我们必须坚守依据价值观的愿景，才会有前行的力量走出克服困难的处境。我们必须找到自己真正有意愿去做的事情，才能真正地行动起来：

这个目标对我来说为什么如此重要？

实现这个目标对我来说意味着什么？

如果满分是10分，我为自己实现这个目标的意愿度打几分？

当这个目标实现的时候我会是怎样的表情？穿着哪件衣服？周

围的人会对我说什么？

这个目标实现了，是因为我拥有怎样的信念？

（3）行动计划

你们承认吗？大多时候，我们不是不知道怎样行动，而是不知道怎样瓦解行动中的障碍。教练技术中，无论理论知识还是工具技巧，有40%以上的内容都是在瓦解障碍。

瓦解障碍的方式，就是有力提问。我们可以通过结构化的自我提问，找到所有行动的方法和力量。

接下来，你可以想一个自己近期遇到的问题，明确目标后，通过不断地自我提问把它解决。当然，前提是你不对自己的答案说不可能，不管它看起来有多么疯狂、可笑，just写下来。

下面这些问题你可以拿来就用，也可以把它们作为参考，设计出更多适合自己的问题：

1）确定行动

我打算开始的一小步是什么？

我还想到什么其他的方法呢？

我曾智慧地处理过很多问题，有什么方法可以借鉴吗？

要实现这个目标，我还可以采取什么新的方法呢？

还有呢？

假如我最尊重的一个充满智慧的人遇到这个问题，他会怎么做？

假如十年后我已经取得了很大的成就，回首往事，我在这个时刻是怎样做的？

2）启动资源

有什么资源可以帮到我呢？

还有呢？

如果我是老板，我会给自己的建议是什么？

当我的孩子面对同样问题的时候，我会给他什么建议？

如果你是我的对手，你担心我做什么？期待我做什么？

如果可以得到一些人的支持，我想到了谁？

3）确定结果

如何证明我完成了自己的目标？

怎样知道我已经实现了自己的预期？

4）自我奖励

如果目标实现了，我会怎样奖励我自己？

我会买一个什么礼物给自己？我会做一件自己一直想做却没有做的什么事？

（4）庆祝完成

可喜可贺可口可乐的时间到了！自己的目标终于实现，满不满足？惊不惊喜？当我们宣布一件事完成后，我们就能迈回去，去回顾整个过程。

现在我确定自己实现了目标吗？

在这个过程中，我学到了什么？

有哪些事是我以前不知道现在知道了的？

这个成就有什么深层意义？

我如何将这次的经验用到下一次行动中？

然后，作为奖励，就快去买自己想买的礼物，去自己想去的地方吧！

03

其实教练收费还是蛮高的，所以我此刻正咬着棒棒糖，暗暗后悔是不是不应该分享出来，这对我“葛朗台·玥”来说，简直是自断财路啊！简直是得不偿失啊！好吧，下面，我再补充几点啊……

（1）你的目标是你真正想要的东西，它可能隐藏在那个你原本以为的表象目标背后，一定要通过不断地自我提问找到它，因为你只有找到自己真正想要的东西，才会有足够的意愿去行动。

（2）在自我教练的过程中，请保持开放和好奇，允许一切答案浮现出来，不怀疑，不评判。

（3）最大限度地视觉化你成功后的样子，这是我们的大脑皮层最重要的功能。你的关注点在哪里，成就就在哪里。

（4）请保证你问出的所有的问题都是开放式问题，因为开放式问题意味着更多的可能和探索。

（5）谨慎使用“为什么”提问，因为它容易伴随着指责的意味。请把所有“为什么”都换成“是什么原因”。

伽利略曾说过：你不能教给别人什么，你只能帮他发现他已经拥有的东西。

我们每个人本自具足，因为没有人比我们自己更了解自己，没有人比我们自己更能体会目标的意义，也没有人比我们更了解眼前复杂的事情。我们所需要做的就是相信自己，然后在不断地自我提问中找到出口。

忘记在哪里看到过这样一句话：**每个人都有潜在的力量，只是很容易被习惯所掩盖，被时间所迷离，被惰性所消磨。**如果你看了这么多，却什么都不去做，那现在就快拿起这本书去垫桌脚吧，帮它实现下自我价值。

先不说了，我要去给老公买新椅子了。

八、GROW 模型：用结构化问题，完成自我教练

01

最近北京下了两场雪。昨天下班的时候，地面已经很湿滑了。我好担心自己会在路上滑倒啊，万一骨折了怎么办？万一残疾了怎么办？万一滑倒在电动车前被碾压怎么办？想想就好怕啊！于是，忍痛打了辆车。

在路上，司机大哥对我职业的不了解简直到了让人痛心疾首的地步："你们HR不就是办办社保，做做考勤，给新人培训下，缺人了就去招个人吗？"

一口老血……

想想也对，你们看那些以头撞墙做策划的，加班到深夜写代码的，整天殚精竭虑做销售的……比起他们，我们简直幸福得要冒鼻涕泡了。

正当我要反躬自身，歌唱《感恩的心》的时候，他话锋一转："当然了，这是我之前的看法啊！"

然后他就开始讲述春节家里聚会时，他的HR侄女因为工作搞得整个人的状态都不好了。

老板让招人，要求很高给钱很少的那种。他侄女开始还在各路社群、QQ、朋友圈疯狂撒网。后来好不容易约到几个人，结果因为天气不好、拉肚子、交通位置不方便……一个都没有来。

司机大哥说他侄女自从做了心心念念了好久的HR，就觉得特别受挫。每天想的就是招聘指标完不成怎么办？公司会不会干掉我？老板会不会骂我？身边同事会怎么看我？我是不是不适合做HR？就是想着这些，整个人蔫头耷脑的连春节都没过好。

“要我说，你们这工作其实挺摧残人的！”

好吧，虽然沉冤昭雪几乎让我热泪盈眶，但我却很担心他的侄女。

每个人的内心都有想要实现的梦想或目标，之所以没有成功，不是因为我们不能，而只是因为有些东西阻碍了它们的实现。

02

你有过类似的经历吗？

想要持续健身，于是你买了很多装备，做了各种计划，结果每次坚持不过两周。然后你开始了自我批判：“我到底怎么啦？我太没有意志力了。”

想要提升工作绩效，于是你看了很多书，参加了很多培训，结果离目标还差很远。然后你开始担心：“怎么一切都好像没有效果，我怎么才能做得更好？”

想要培养自己的员工，帮助他们成长，结果他们总是一副“你说的我都懂但是没有用”的表情。然后你在心里咆哮：“到底用什么方式才能起到真正的作用？”

爱迪生曾经说过一句很带感的话：如果我们真正投入去做力所能及的事，我们会为自己的表现感到吃惊。

我们想做的事一定基于我们对此事的理解和认知，除了造飞机，造火箭这样的事，哪有什么力所不及？所以，重要的只是真正投入。我们还没能实现目标，是因为很多时候我们是被自己束缚了。

知乎大咖北大心理学博士李松蔚是我的男神，高晓松曾在《奇葩说》里评价他是飞花摘叶可以伤人的高手，他曾给一个来访者讲过一个《七龙珠》里的故事：

漫画里的孙悟空是最厉害的人物，他在修炼的时候总会给自己背上很重的东西，去适应那个重量。和别人战斗的时候，如果打不过对方，孙悟空就开始脱衣服，脱完衣服之后他的战斗力就会上升。

好了，现在请开始脱衣服……不，他想说的是，我们就像孙悟空，在大脑里装了很多的束缚，是这些束缚不能让我们火力全开，于是我们力不从心，畏首畏尾。

在《身心合一的奇迹力量》这本书中提到过一个让人进步很快的方法，它的基本原理是：我们每个人都有一个“自我一号”，它是一种理想型、批判型的自我。“你的PPT做得太丑了！”“你的沟通方式太有问题了！”“你又把一切搞砸了！”。

“自我二号”就很可爱了，它是一种好奇、本真的自我。它通过感受和体验来学习，而且在没有“自我一号”干扰的情况下表现最好。

如果我们能让“自我一号”闭嘴，同时又能让“自我二号”自由发挥，我们就能快速进步。

2002年的时候，国足的教练是米卢。他教练国足的重点不在方法和技巧，而是将重点放在了转变国足的态度上。他说："你们必须敢于梦想，必须努力去拼下来，让中国球迷尝到进军世界杯决赛阶段的欣喜。"在他的带领下，那是中国国足第一次，也是唯一一次打进世界杯。

如果无法透过重重障碍去挖掘出生命中的本真和感觉，那么我们知道得越多，就越会被困在原地。就像《象与骑象人》里所说：我看到正确的道路，也知道该走这条路，但我却走错路，直到内心感觉涌现，推了我一把，才让我走上正途。

03

艾伦·范恩曾提到过两种关于表现的公式。

一种是基于说教指令式的：表现（P）=能力（C）+知识（K）。这是一种由外而内的改变方法，这种方法假设人们是因为缺乏某些知识致使表现不佳。如果真的是这样，那我们只要多读书，多上课就可以成为职场NO.1了。

Too young too simple.

大多时候，我们之所以表现没有期待中的好，不是因为我们不知道该怎么做，而是因为做不到我们知道的啊！

另一种方法是由内而外的：表现（P）=能力（C）－干扰（I）。这种方法不是增加新的知识，而是侧重消除干扰因素。不止我们的生活方式应该遵循极简原则，心智模式同样如此，少即是多。

那么，我们的干扰主要来自哪里呢？是的，它们来自恐惧：

（1）对梦想的恐惧

因为低价值感，我们相信自己不值得拥有梦想和美好，我们甚至不敢想象这些发生的可能性。

（2）对失败的恐惧

我们清楚地记得失败的经历，并不断在头脑编造再次失败的故事，我们认为失败是不可避免的。

（3）对冲突的恐惧

我们害怕别人的不满意或者拒绝，害怕因为自己的出色而让身边的人感到受伤，我们甩锅给他人，并不断抱怨和指责。

想要消除这些来自我们内部的干扰，最有效的方式就是改变我们的关注点和关注方式。

04

GROW模型是教练领域常用的一个工具，它能够减少我们的干扰并最大力度地保障目标实现。无论任何时候，我们的决策都基于四个阶段。大多情况下，我们之所以觉得无从下手，是因为我们的想法总在这四个阶段来回乱窜，如果我们能专注地按照正确的顺序和方法，就可以大大地降低干扰：

目标（Goal）：想做的事（遵循SMART原则）

我想做什么？

实现这个目标，对我意味着什么？

如果实现了这个目标，一切将会变得如何不同？

现状（Reality）：所面对的状况

我现在的情况是怎样的？

我都做了哪些努力？有效的是什么？

我面对的障碍是什么？

我有哪些可用的资源？还需要哪些资源？

方案（Options）：可以做的选择

我都有哪些选择？

还有谁可以帮我？

如果重头来过，我会用什么不一样的方式去做？

哪些选择会带来最佳结果？

现在，我打算如何做这件事？

行动（Way Forward）：采取的行动

我首先要做的是什么？

我可以开始的一小步是什么？

我该怎么做？

我的行动计划是什么？

如何知道我做到了？

每一个阶段，你都可以设计出更多属于自己的开放式问题，别偷懒，写下所有的答案。你会发现困扰很久的问题，就这样被自己解决了。

意不意外？惊不惊喜？

发展心理学家告诉我们：一个人五六岁的时候就差不多学到了自己一生所学的一半。所以，成功的人之所以成功，不在于他们知道的比我们更多，而是因为他们知道，而且真的去做了。

局限，只存在我们的心里。

第四章

学习力：职场核心竞争力

一、你是在思考，还是想太多

昨天我刚坐到工位，羡羡把养乐多往桌上一敲："混蛋！"

吓得我噌地站了起来。

她赶紧起来拉我："玥姐，我不是说你，你坐，你坐……"

羡羡说自己被欺负了，事情大概是这样的：

她之前联系一家供应商寻产品报价，对方给的价格比较低。于是她哼着喜悦的音符给老板发了请款邮件，老板很快回复可以付款。结果在谈合同的时候，对方说之前价格报错了，真正的价格比原报价高出25%。

羡羡就崩溃了："搞毛啊？我邮件都发了，她现在又说价格弄错了，我怎么和老板交代啊？"说完，她趴在桌上侧脸看我，一副代罪羔羊的表情："我想了半天，你说是不是我之前说错什么话得罪她了？她是不是故意整我啊？你说这个人怎么这样啊？"

"我觉得这些不是你现在要思考的问题啊！你要想的应该是我们是接受对方的实际报价，还是另找供货商，或者有没有什么可能再和对方争取低价……"

"对啊！你怎么不早说！"

你们说，还有比我更惨更囧更无辜的领导吗？

实话实说，我们许多时候都像羡羡一样，以为自己在思考，实际却只是在无意义的烦恼。

烦恼，是以"找不出办法"为前提的"假装思考"。思考，是

以“能够找出答案”为前提的有创造性的真正的思考。

在思考这件事上，有些事是很重要但却很容易被我们忽略掉的：

（1）你的许多思考，其实是没有价值的

如果你留心观察就会发现，只要我们醒着，我们的大脑就无时无刻不在运转。我们会在生活和工作中随时随地看到或听到各种信息。我们的思维可能从一件事情随时跨越到另一件事情，也可能我们一直陷在一个混乱的思维中无法自拔。

事实上，真正值得我们思考的事情只有两个维度，就是问题当下的必要性和答案明确度。所有的问题都可以被思考，但不是所有的事情在当下都具有思考的必要性和可以找出明确答案。

比如，如果我费尽心力去思考苹果手机和华为手机哪个更好用，作为一个根本不想换手机的人，这个议题不但对我没有必要，而且我也几乎想不出任何答案。那么，这个议题对我而言，就是根本没有价值的。

（2）尽量选择高价值议题

我们每天要思考的工作有很多，但对公司和老板来说，真正重要的事情可能只有一两件。那么，我们是应该花费更多时间在更多的事情上寻找解决方案，还是应该花更多的时间去寻找真正重要的事情呢？

如果你不想做一个只有苦劳，没有功劳的蛮干者，请选择后者。

现在，请想想目前你手头上的所有工作，然后问问自己：“在所有的问题中，在当下真正具有找出答案的价值的问题是什么？”

如果想偷下懒，那就带着这个问题，直接去问你的上级呀！

（3）不断追问“所以呢”

有没有哪件事是你觉得应该去做，但迟迟没有开动的吗？

心理学将我们的行为动机分为两种：追求希望和逃避恐惧。面对你需要解决的事情，你可以通过不断追问，直面恐惧，找到动力。

举个例子：我不想上班，所以呢？所以我就在家刷手机，所以呢？所以我很开心啊！所以呢？所以继续刷，所以呢？所以月底没钱交房租，所以呢？所以被房东赶出去，所以呢？所以饥寒交迫，所以呢？所以我要上班了！

如果文明不够文明，那就让野蛮足够野蛮。

（4）确认假设

领导最近对你有点爱答不理，于是你在心里暗暗嘀咕他肯定对你有意见了。然后你开始地毯式搜索，不断地回放最近发生的事情，想来想去你确定是因为前天吃辣条的时候没有和她分享，然后你买了一大包，小心翼翼地递给她，结果她说："谢谢，不吃了，我最近胃疼得都快挂了。"

思考的前提是议题明确，如果我们的假设都没有被验证，那么哪怕脑浆都快想爆了，也不过是在做无用功。

（5）绿灯思维

你有过在一场会议上被怼的经历吗？一旦我们被怼，就很容易开启防御模式。此时我们的思考早就偏离了议题本身，而是使尽浑身解数想要证明对方是错的。我们因为抗拒，而错过了很多可能。

绿灯思维是要我们保持开放的心态，先在心里对别人的想法或意见亮起绿灯，允许那些和自己不同的声音进来，然后自己再通过思考和反思决定是亮起黄灯，还是红灯。

当你拥有了绿灯思维，你就会发现自己的思维慢慢被拓宽了。就如蒋勋先生所说：当你不先预设立场的时候，你的窗和门就是打开的，有很多东西会进来，让你了解。当你把门窗都关了，你就什么也不知道了。

（6）不要混合需求和行为

我们做出任何行为，一定是为了满足某种需求，可是我们却经常将需求和行为搞混。

比如，如果不上班我们就没有钱，没有钱我们就不能好好生活。在这里，好好生活是我们的需求，上班是我们的行为。但是，如果不剖析明白，我们往往会把上班当作我们的需求，所以我们就很拧巴，开始懒惰、拖延、对抗……这就是“不想”和“应该”的PK。

如果我们清晰地知道，好好生活才是我们的需求，上班只是在这个需求下的一个选择性行为，那我们就很欢乐了，我们可以选择上班，也可以选择创业、做直播、开滴滴……不管决定是什么，需求清楚了，我们就不会像之前一样被动，活得像个受害者。

（7）不要陷在“标签”中

为什么他有强迫症？因为他是典型的处女座。为什么他是典型的处女座？因为他有强迫症啊！

哈哈哈哈。不好意思，我的笑点比较低……

你们看，当我们以“为什么”开启一个问题的时候，就特别容易将问题上升到价值观的层面，也特别容易去贴标签。价值观本身没有对错，只有不同。一旦有了价值观的判断，问题就陷入了无解。我们之后的所有想法只不过是大脑在空转，而不是在思考。

我以前经常会掉进各种思考大坑，随便想想就一个小时过去了，然后发现其实自己屁都没想出来。

年会化妆的时候，花有颜说：“咦？玥姐，你的脑袋真大耶！”那个，我刀呢？脑袋大很好笑吗？每天做无用功，脑袋不大才怪的好吗？

不过从那天开始，我开始了真正的思考，我发现在这个模式下，我不但人不呆了头不疼了，连心情都变好了：

（1）确认思考目标

首先弄清楚自己到底在思考什么，其次保证你在思考的问题是一个确定性问题，而不是你的猜想。

（2）及时排查

如果你发现你在问类似“为什么”的问题，请及时停止，然后将问题换成“怎么样”“什么原因”“如何做”。

（3）确认价值

写下完成这件事的意义和价值。当然，如果你想了半天没有结果，那么这件事就不用再想了。

（4）思考方法

纵向写下你想到的所有可以解决这个问题的方案，同时找出其中具备杠杆特性的那个方案。就是说这个方案如果执行了，会带动其他方案更加有效地完成。

（5）罗列障碍

在每个解决方法后面，纵向罗列将遇到的所有障碍，尤其需要认真对待那个“杠杆方案”。

（6）逐一击破

在刚才罗列的每条障碍后面写下解决办法。

当我把这样的思考模式不断地运用到工作中之后，我发现，思考的过程往往比结果更重要。一个好的思考，指的就是好的思考过程，越好的思考过程，就越容易导向正确的结果。

李笑来在《韭菜的自我修养》里说过：**思考带来决策，决策带来行动，行动改变命运——这是大实话。**

说是实话的事，总是值得一试的，不是吗？

二、用意志力实现自律？别逗了

01

有个粉丝在公众号的后台给我留言，说她很想坚持写作。为此，她报名了很多线上写作课，豪言要坚持日更，还加入过两个日更小组。可是，每次她的日更计划都夭折了，没有一次超过了10天。

她说现在对自己非常失望，想到每次开始的时候自己都动力满满，现在却要彻底放弃写作这件事了。

这让我想起最近又在减肥的路上完败而归的小志。刚开始的时候，他真的是踌躇满志啊！每天他都会详细记录食物摄入，然后再换算成热量，还买了运动服、慢跑鞋、蓝牙耳机……

那阵子我真的好担心他会华丽变身彭于晏啊！他还会这么乖巧吗？他还会帮我带早饭吗？经过两个月的努力，小志的裤子开始往下掉了，不过不是因为瘦了，而是肚子太大皮带已经扣不住了……

好吧，看来我的担心是多余的。

出于人道主义精神，我本来想安慰小志一下，结果他在茶水间听完邱邱的悲惨经历后满血复活，还毫无内疚感地叫了一份黄焖鸡外卖。

还有邱邱，她前天说自己的秘书资格考试又黄了，原因是她根本没有准备好。我问她那阵子她拼的都快脑出血了，怎么没有考过呢？结果她说："是拼了一阵，不过拼完那阵我就开始彻底拖延了。"

邱邱的计划本来是每天学完教材的一章，这其实挺好的，但倒霉就倒霉在第一章和第二章太容易了，结果她一天就全学完了。可是，到了第四章的时候，她发现学不动了，太难了！根本做不到一天学一章啊！结果，她的学习就终止在了第四章……

我们都梦想将生活过成自己理想中的样子，却又一次次地将最初的计划，变成了最终的笑话。

02

潜能大师安东尼·罗宾曾说：塑造你生活的不是你偶尔做的一两件事，而是你一贯坚持做的事。

看，道理我们都明白，可是我们之所以屡战屡败，屡败屡战，就是因为做不到坚持啊！为啥？因我们的发力点一直是错的，我们太相信动力和意志力了。

（1）动力不可靠

刚开始做一件事的时候，你兴奋得荡漾激昂。等到这股劲儿过去之后，你又像撒了气的皮球，瞬间憋回原地。

在知乎看到了某人减肥逆袭的帖子，于是你热血上头三天没吃饭。后来想想，这也太虐待自己了！于是啃起了鸡腿。

听完胡歌的英文演讲，你发誓要提升自己的英文水平。结果背了两个礼拜的单词后，你突然觉得，其实英文好不好好像也没有那么重要，然后你默默退出了单词App。

因为同事升职，你羡慕不已，决定好好利用下班后的时间提升自己。结果一到家你觉得应该犒劳下工作了一天的自己，于是你躺在床上开始刷手机。已经晚上12点了吗？算了，先睡觉吧……

我们动力的基础是感受和情绪，下雨了，太饿了，和陌生人吵架了，猫主子生病了，隔壁啪啪啪的声音太吵了……任何事都有可能影响你的感受和情绪，这就意味我们的动力随时都可能变化。

如果我们一切的行动只是依靠动力，那么我们注定会有无数次的哭唧唧。

（2）动用意志力，意味着自我消耗

说实话，只要看到意志力这个词，我的眼前就是各种头悬梁锥刺股的悲惨画面。那么，当我们面对行为上的改变或挑战的时候，我们的身体发生了什么呢？

我们在接受新鲜或未知的事情时，我们大脑中的杏仁体会被瞬间激活，然后发送应激信号到下丘脑，同时释放压力类的激素皮质醇。我们越想挑战追剧，压力就越大，皮质醇水平就越高。高皮质醇水平就意味着高耗能。

意志力需要消耗大量能量，鲍迈斯特把它称为“自我消耗”。要知道，我们的身体能量是有限的，在“大脑的自我保护”机制下，我们的多巴胺系统会调整行为路径，让我们以转移注意力的方式，去降低我们对当下场景的激素反应，从而降低皮质醇。所以，我们很容易因此选择暂停正在进行中的学习或工作，因为它们实在太耗能了。

就像达尔文说的：照顾生存是头脑的主要任务，只要是对生存有所威胁，它就会做出强烈反应。

于是，各种吃东西，追剧，刷抖音，逛某宝的大戏就上演了。

毕竟，我们不是圣斗士，小宇宙爆发过几次，也就离习得性无助不远了。

03

发展心理学家阿拉斯代尔·怀特曾提出“舒适区”概念，他认为，如果人一直停留在舒适区，势必将影响自身的成长和发展，但是如果贸然跳出舒适区，就会出现很多不适，然后会很快丢盔弃甲，自信和动力也会受到很大影响。

怎么破？把“贸然”变成“不贸然”就好了啊！

读过《自控力》的小伙伴请举下手！承认吗？这本书的精华就是告诉我们，当一个行为变成你的习惯，你就不需要再用自控力了。没有get到这点的同学不算用功，请自行面壁三秒钟。

杜克大学的一项研究表明：我们的行为中大约有45%源于习惯。想想你每天从洗脸到化妆的全过程，想想你每天从出门到进公司的路径选择，再想想你每天下班回到家做的所有事情……每天如此，周而复始。可是，这些需要你动用意志力和自控力吗？不需要，因为它们是你的习惯啊！

想起件不堪回首的往事，我以前是个胖子，连牛仔裤的大腿内侧都会磨破的那种胖子。我对运动可以说是深恶痛绝了，唯一愿意主动做的运动，就是试衣服时候的深呼吸。

大学的最后一年，我开始了每天一小时的跑步。开始的时候简直是痛不欲生，可大概过了一个月的时候，我发现每天的跑步对我来说根本就是做起来容易，不做才更难的事，如果哪天下雨了，我窝在寝室里觉得浑身都难受。是啊，真的好贱！

看吧，当我们把一个行为变成了习惯，我们就不需要再给自己画饼，再和自己死磕了，一切只是自然而然。

还有什么比把自律变成习惯更爽更鸡贼的事吗？

04

《微习惯》的作者颠覆了许多人对习惯养成的认知。他将每天只做一个俯卧撑作为自己的目标，结果练出了一身肌肉。

大脑会抗拒大幅度改变，因为微习惯太过简单，简单到我们的大脑都不会把它当作挑战和困难，因此几乎不需要自我损耗。同时，虽然任务简单，但我们却会因为完成它而感到踏实可控，无形中增加了自己对成功的信念和信心。

微习惯的养成之路，我理解有四步：

（1）确定计划和价值

给自己制定一个至三个微习惯，可以是每天1个仰卧起坐，每天早起1分钟，每天做两道题，每天写500个字……

然后，思考你为什么想要实现它们，通过不断地追问自己为什么，你会找到核心。

要注意的是，在目标的制定上，一定不要自欺欺人。比如你把每天读2页书作为行动计划，可心里却偷偷告诉自己不能每天只读2页书。

每天完成了计划的微习惯，不管它有多么简单，都是成功，因为它提升的是你不断努力的意愿。当然了，事实上你真正完成的行为一定远远多过这个微小的目标。

要更多的关注目标的达成，而不是去期待更高的任务。然后，把所有额外完成的，当作一种奖励，抱着得之我幸，失之无所谓的态度。

（2）建立奖励机制

我们之所以喜欢玩游戏的一个很大原因是，它会及时反馈给予回报。

每当我们完成了计划内的行为，可以每天或阶段性地用适合的方法犒赏自己。这种犒赏分为两种：一种是外部犒赏，比如给自己买个礼物，泡个鲜花浴，或者拍根黄瓜做个拉皮。另一种是内部犒赏，这就很省钱了，因为完成任务而产生的内啡肽、多巴胺、满足感、自豪感……

你还有什么理由停下来呢？

（3）意识到习惯的养成

注意这些标志：当你准备开始一件事的时候，不再有抵触情绪了，不再担心自己当天可能完不成了，不再需要过多思考了，不再兴奋甚至觉得有点无聊了……

恭喜你，它已经是你的喜欢了。你可以用上面的方法开启新一轮习惯的养成了。

你想要养成哪些让自己活得更精彩的习惯呢？想法永远都是想法，只有行动才有答案。

不说了，快去开始你那“1个俯卧撑”吧！

三、在这个充满干扰的时代，如何提升自己的专注力

01

为了一个项目方案，你加班加点几个晚上，然后在每次的会议讨论后反复修改，改到开始怀疑人生。终于方案得到公司确定，可以为客户演示了。当你口若悬河即将所向披靡的时候，却因为客户突然打了个喷嚏中断思路，当场死机……

你在喧嚣的餐馆和同事聚餐，你看着对面的同事，想和她趁这次机会好好沟通下工作配合的事。可是，你好像只能听到她的声音，却完全跟不上她的谈话，更组织不好自己的语言。你的大脑好像被周围嘈杂的聊天声劫持了。

下班前有一个重要的工作需要完成，于是你坐在电脑前面蓄势待发，准备好好大干一场。可是，一小时过后，你发现自己一直在不停地刷朋友圈、看微博、发微信……你不得不拿起电话："老婆，今天加班，晚上不回去吃饭了。"

发现了吗？我们越来越难静下心去做一件事了，我们的精力和独立思考能力变得越来越容易被冲散和稀释。

我们每天都感觉自己忙忙碌碌地做了很多事，但在临睡前仔细回想的时候，发现根本说不出来到底都做了什么。我们好像在很有方向的不断前行，走了一段回头看的时候，却发现不知道何时已经偏离了正轨。

微软加拿大公司曾公布，2000年的时候，我们人类的注意力集中时间是12秒，2003年的时候，这个时间减少至8秒。没有觉得这

是件可怕的事？好吧，要知道，金鱼的注意力是9秒。

我们正处在一个充满干扰的世界，任何风吹草动都可能分散我们大脑有限的注意力。这很容易使我们持续忙碌，却最终一事无成。

02

影片《星球大战》里的尤达大师有句台词很经典："注意即现实。"我们的注意力在哪里，思维就在哪里，我们专注于什么，行动就是什么。

在《专注》这本书中，作者将人类自上而下的目标机制的认知控制能力分为：注意力、工作记忆、目标管理。

（1）注意力

心理学之父威廉·詹姆斯认为注意力的本质是：意识的聚焦、集中，意指离开某些事物以便有效地处理其他事物。

选择性是注意力的基本特征，它像聚光灯一样，可以让我们更集中地运用我们的脑力，最大化我们的神经处理效果，优化我们的行动。

值得注意的是，"广撒网，多敛鱼"这一策略不适用于我们的注意力。格萨里实验室曾通过实验证明：当我们把注意力较广分配的时候，我们从选择性注意中获得的受益就会减少。同时，我们的注意力对信息的处理速度是很慢的，需要耗时0.1秒。在我们需要撤回注意力时，则要花费更多的时间。

（2）工作记忆

工作记忆是一种对信息进行暂时加工和贮存的容量有限的记忆

系统。举个例子，如果不让你用纸笔计算132×2+27×3+81÷3，那么你就需要保证先分别记住每个乘法或除法的结果，再将它们相加。你记下这几个数字，就是在运用工作记忆。

工作记忆不同于长期记忆，因为它的容量极其有限。心理学家乔治·米勒提出，我们的工作记忆的上限是7±2，即5至9个信息单元。这也是金字塔原理的基本理论之一。

同时，工作记忆的保真度会使存储的记忆随着时间流逝而衰减。比如现在你看下你的书桌，然后闭上眼睛回想上面都有些什么。哪怕只是持续几秒钟，你一定也会发现，你所记住的东西正在慢慢变少，慢慢变得不确定。

面对这么脆弱的工作记忆，一旦我们分神或被干扰，影响将会是十分严重的。

（3）目标管理

我们经常面临处理多项任务，这个时候我们就容易陷入同时处理多任务，还是轮流完成任务的两难。

多任务处理这个词其实是来源于计算机领域。我们都清楚多任务处理对计算机内存的要求是非常高的，因为多任务处理就意味着会消耗更多的资源，意味着CPU会温度上升，意味着电池的寿命可能缩短……

我们的大脑不能有效地并行处理两个需要高度集中注意力的工作。我们不是在分配专注力，而是在切换专注力。当我们在多个目标下切换的时候，我们工作的精确度会降低，执行的速度也会变慢。

我们就是凭借这些认知控制能力，与复杂的世界互动。通过对这些能力的了解和有效利用，来提升我们的专注力。

03

在HBO的巴菲特纪录片里，巴菲特曾讲起一个故事：

比尔·盖茨的父亲让比尔·盖茨与巴菲特这两个世界上最有钱的人玩一个游戏，让他俩各自在纸上写一个对自己的成功影响最大的词。结果，这两任全球首富，年龄相差25岁，从事完全不同的行业，却写下了同一个单词——Focus（专注）。

仔细思考那些已经得道的“大神”就会发现，他们当中没有任何一个人不是因为专注于某一领域而取得今天的成绩的。

那么，到底是什么阻碍了我们的专注呢？

（1）原始大脑的“觅食最优理论”

当我们还是原始人的时候，周围充满各种危险，区域食物数量有限，我们必须随时分散自己的注意力以保证避免各种猛兽的偷袭，并保证在当前的食物被吃光之前寻找到新的食物来源。

我们有探求信息的本能，在那个时候，能够最大化积累信息的行为就是最优的行为。

（2）移动互联网

随着移动互联网时代的发展，专注力已经成为一种稀缺的能力。

一项盖洛普民调发现，仅有6%的中国职场人士表示对工作“很投入”，而美国职员全情投入工作的人数也只有不到30%。

另一项研究表明，美国成年人和青少年每天查看手机高达150次，或者在醒的时候每6到7分钟就会看一次手机。

各种骚扰短信，随时响起的手机邮件，没有质量的朋友圈，各种微信群的全员@，各种App弹出的广告，系统提示升级的红点……

我们的注意力在互联网信息的席卷下，被撕裂得七零八落。对此，简书一哥彭小六总结得很精辟：互联网商业的本质就是对用户注意力和时间的争夺。

（3）心理压力

当我们面对手头困难的工作，很容易在最小阻力的原则下逃避到相对来说更容易的事情上。

因为不愿意去做预算表，我们可能转去收发一封并不重要的邮件。因为头疼明天和要约见的人谈判，我们掏出手机开始消消乐。在准备开始撰写一份报告的时候，突然觉得办公桌很乱，于是开始整理……

我们逃避的时间越久，心理压力越大，就越不能够专注在较难的事件上。

04

在频繁的干扰下，我们的注意力被打断，工作记忆被粉碎，保真度降低。我们在多任务之间频繁地处理和切换，表现越来越差。

渐渐地，我们出现了各种各样的病症。比如以为手机在裤兜里震动的幻觉症，担心错过社交媒体更新动态的害怕错过症，担心别人用手机找不到自己的无手机恐惧症。

我们想在干扰下加速工作，于是感到更大的压力，更高程度的沮丧感，更大的时间压力，同时也必须要付出更大的努力。

我们因为无法专注而变得低效、焦虑，无法完成挑战性高的任务，为了逃避而放弃真正的思考。我们变得越来越弱，可替代性变得越来越高。

村上春树曾说："没有专注力的人生，就仿佛睁大眼睛却什么也看不见。"

无论出于更好的工作，还是去争取人生的价值，获取更大的幸福感，我们都需要通过提升专注力，让自己成为这个信息共享时代里最稀缺的人，这就需要我们：

（1）找到最重要的那件事

根据帕累托法则，我们每天所做的所有事情中，20%的事情会带给我们80%的受益。我们要做的就是找到这20%，然后将80%的时间放在这些事上。

（2）意识到你的时间花费

不看不知道，一看吓一跳。如果不刻意地关注，我们就意识不到自己每天有多少时间花费在手机上。

你可以下载一个手机管理软件，我一直用的是"小容"。当我发现自己平均每天查看手机的次数达到了179次，平均间隔是10分钟的时候，简直吓呆了有没有？

（3）戒掉社交媒体

《深度工作》里提到一个方法，尝试30天不使用社交媒体，不告诉他人，也不将其删除。然后，问自己两个问题：第一，如果一直用这种服务，过30天会过得更好吗？第二，人们是否关心我有没有在使用这种服务？

如果答案是"否"，那就删掉它，如果答案是"是"，那就继续使用。

同时，我们应该在空闲的时候用高质量的活动代替查看手机，比如读书和运动。

（4）正念呼吸

正念呼吸，是一种专注式冥想。我们的所有觉察力都集中在呼吸上，如果发现它在游离，就重新把它导回到呼吸上。

可以从每天早上5分钟开始，逐步增加时间。当越来越适应的时候，可以在工作间歇随时进行5到10分钟。

这就是一种元认知的利用，即注意到自己并没有注意应该注意的东西，把专注力纠正回来。通过不断的练习，这会成为一种能力。

（5）远离干扰

周围环境很吵的时候，可以借用白噪音屏蔽。我一直在用的App是“潮汐”，简直好用到不要不要的，强烈种草。

这样做的好处还有两个：一是别人看到你戴着耳机，打扰你的概率会变小；二是你可以假装听不见对方说话……

（6）建立心锚

你可以把纸裁成一小块长方形，在纸的中央画一个圆点，写上单词“Focus”。然后在心里做出专注承诺。

每当你思绪游移的时候，看到它，你会重新回归专注。

（7）运动

功夫巨星李小龙说过：“专注是成功的关键，真正的勇士其实只是一般人，但他具有激光般的专注力。”

该说的都说完了，我要去练双节棍了。你呢，准备何时开始？

四、优秀，从来不是靠拼勤奋

01

你们有在微信上被别人疯狂地召唤过吗？上句话还没看完，就被后面的话刷屏的那种。

上周，前同事陆绮绮在微信上和我吐槽，说自己抑郁了。原因是她突然发现自己努力了那么久，却还是一事无成。

说实话，她一直是我心中新好青年一枚啊！看她的朋友圈就知道了：

“新买的书终于到了，挑灯奋战吧！”

“分享‘得到’专栏的经典好课，拿走不谢。”

“定个外卖继续加班，未来正扑面而来！”

“今天跑步感觉很轻松，明天继续。”

对啊，每次看她的朋友圈，狭隘的我都有种好想屏蔽她的冲动啊！

后来才发现，原来这是一个反转的剧情。

绮绮小姐说，她今年读完了200本书。快到年底了，想写个总结，却发现什么都没有记住。

她算了一下，各种线上线下课的报名费加起来花了1万多，却发现工作能力没有一点提升。

她坚持日更很久，粉丝不但没有涨，还比刚开始的时候少了两个。

每天跑步持续了两个月，而每天健身半小时的同事却比她减得多。

好吧，难怪隔壁张大爷配了1万小时的钥匙，还是买不起车。

如果一个人做事的深度不够，那么无论她多么努力，也都只是

低水平勤奋者。

拉开人与人之间差距的，早已不再是下班后的几小时，而是做事和学习的深入程度。

02

前些日子，《延禧攻略》热播，手机也被刷马桶都能刷得牛牪犇的魏璎珞刷屏了。

魏娘娘刷的马桶水质清澈，可以照出人影。她还会就地取材在马桶里放进除臭芳香剂。

所有不可复制的工作都来自深度的思考，它往往比勤奋重要。

美团的创始人王兴曾经说过这样一句话：“多数人为了逃避真正的思考愿意做任何事情。”

在面对生活和工作中那些棘手的问题的时候，我们越来越多的时候不是迎难而上，深度思考，而是顺势游走，伺机藏身。

原本应该立即开始的工作，却因为畏难去回复那些并不重要的邮件。

金句名言记录了很多，过后回想却好像什么都没有记住。

报名了各种英语沙龙，面对外国友人却依旧结结巴巴，不知所云。

我们很勤奋，这种勤奋有时候都会感动自己。但是，我们却感觉没有成长，也没有进步，始终停滞不前。

那种感觉就像韩寒在《后会无期》里写的那样：我们知道了很多道理，却依旧过不好这一生。

不是道理不好，而是我们“知道”的方式不对。

我们太急于结果了，好像那些知识，我们接收了就等于记住了，背下了就等于会用了。

2013年，雅虎新任首席执行官玛丽莎·梅耶尔认为：如果你看起来不忙碌，我就认为你的产出不高。

在忙碌就意味着生产力高的谬知下，我们变得越来越忙，也变得越来越肤浅。

作家沃尔特·艾萨克森曾在《史蒂夫·乔布斯传》中写道：乔布斯在为机器寻找色彩时尝试了超过2000种色调的米黄色，他在调整箱子设计的过程中，曾花了几天时间苦苦思索边角的圆润度。

当时苹果公司的经理们非常头疼，因为他们觉得乔布斯这种做法实在是太慢，太慢了！然而，在三年内，苹果公司凭借深度思考后的产品，销售额达到1180亿美元。

“快”是结果，不是原因。

任何一项事情，思考的深度将与你的可替代性成反比。

03

“知识网红”李叫兽的公司2016年被百度全资收购，25岁的他成了百度公司最年轻的副总裁。

小马宋曾采访他，问他是如何成为今天的李叫兽的。

他的回答可以说是非常快准狠了：“是因为我从小就知道做任何事情都需要策略。”

看过《朋友圈的尖子生》就知道，李叫兽简直把这个信仰发挥到了极致。

初中的时候，因为打架频频失利，他用10块钱买了《散打套路》《截拳道秘籍》《中国武警擒拿术揭秘》。

然后，就开始在家研究整理各种流派打架的激发和策略，寻找套路，不断练习。

结果，李叫兽成了学校最能打架的熊孩子之一。

高中的时候，他就尝试用经济学著名理论去分析生活中的现象了。他会用“囚徒困境”分析班里的同学是如何进入分数的同质化竞争。

因为对营销类的书籍感兴趣，李叫兽选择武汉大学就读市场营销。

在大学期间，他绝大部分时间都在刻意练习。每天看很多书，研究很多理论，然后用那些理论指导专家的生活。

比如，他学习了《金字塔原理》。为了做到“自上而下表达，结论先行”，一封平常只需要5分钟的会议通知，他写了一个小时。

后来，他开始做公开课，又把内容做成线上课。他开始积累粉丝，然后成立了自己的咨询公司，并被百度收购。

有些人所谓的学习，不过是将碎片化的信息囤积，有些人却会走出舒适区，逼迫自己去学以致用。

是不是努力决定你愿不愿意走起来，深度思考决定了在这条路上你能走多远。

04

经过深度思考后内化的知识才能叫作知识，否则，只能叫作信息。

就像李笑来的微信公号是学习学习再学习，意思就是学习本身是需要学习的。

罗辑思维CEO脱不花曾说：这个世界太大，我们的智慧有限。只有掌握了更有效率的学习方法，才能在极为有限的时间里，把自己的认知水平比别人多往前推进一厘米。

其实，要跳出低水平勤奋的坑真的没有那么难：

（1）要事第一

越是重要的事越难，越是价值大的工作越需要更多精力。

但是，你只有坚持了最不想干的事情之后，才可得到你最想要的东西。

因为畏难，我们便逃到了互联网，自己将原本整块的时间变得碎片化了。

我们要知道什么是对自己最重要的事，找到它，然后调动全部意志力去刻意练习。

（2）提升认知深度

为什么我们面对那些自己读过的书时，总觉得是白读了？因为我们读书的方法太原始了。

成年人的学习不是知识的接受，而是知识的裂变，是在原有认知的基础上激发，产生新知，形成体系。

这就要求我们在面对一本书、一个故事、一个道理的时候，去问自己：

还有什么其他的现象可以用这个理论解释？

我的哪些行为可以用这个知识改进？

将来我可能会用这个知识解决什么问题？

（3）远离社交媒体

我们每天乐此不疲地在互联网上点赞、留言、更新状态，以获得虚假的存在感。

卡尔·纽特曼在《深度工作》中写道：一旦你的大脑习惯于分心，那么即便有天你想要专注，你的大脑也很难做到，因为我们已经患上了“心智残疾”。

试着关掉或是远离手机，是进入专注的首要前提。

（4）复盘与核查

每过一段时间，回顾自己近期的表现。

如果你更少地使用手机了，有更多的时间专注在某一件事情上了，将所学的知识真正运用到工作和生活中了……

别吝啬，快去买袋辣条奖励自己吧！

我们的大脑需要不断地正强化，以习得新的习惯。

在这个世上，从来没有一蹴而就的事，关键是你真的要开始了。

就像柯维博士说的：对自己要有耐心，因为自我成长是神圣的，同时也是脆弱的，是人生中最大规模的投资。

永远不要嘲笑你身边默默死磕的那个人，要知道，有些人可能看上去成长并不明显，那是因为，他们在扎根。

五、元认知：别让肤浅的学习委屈了自己的努力

前天因为想分享一篇文章，所以打开了不久前刚加入的21天写作训练营微信群。

哇，进去发现群里热闹得不要不要的！我赶紧疯狂爬楼，手指不停地往上滑啊滑啊，发现原来是琵琶姐炸毛了。

琵琶姐叫嚣入群都14天了，可是觉得自己的文章没有长进，每天坚持日更，可是公众号的粉丝不但没涨还有两个人取关了……

于是组长各种解释，各种安慰，还分享了往期参加训练营优秀

学员的文章。说实话，那些文章写得真的很好啊！

结果琵琶姐说："像这样的文章我每天都看啊，我关注了很多大号啊，篇篇10万+！"

有学员问琵琶姐日更的内容都是什么，琵琶姐就把自己的公众号甩了出来。大家的双眼都被晃得不要不要的，因为几乎每一篇都是日记似的流水账。

组长说："你这样日更，价值很小啊！内容质量低也很容易掉粉的。"

琵琶姐更怒了："之前说要多看大号的文章，我每天都在看啊，让我们坚持日更，我也每天都在写啊！结果呢？结果你又说不行！"

琵琶姐确实是群里最认真的一个，也是最勤奋的一个。认真和勤奋没有错，错就错在对于写作这件事，她从来没有过真正意义上的思考。

看大号的文章如果仅仅是看过就完，那充其量只是感叹下：看人家写得多好！如果想提升写作技巧，就要反复去看人家的文章是用的什么架构，思路是怎样的，怎样选取的素材，用了哪些金句……

猎豹CEO傅盛写了篇文章，叫《认知三部曲》，他有个观点是"所谓的成长就是认知升级，人与人最大的差别就是认知"。

与其说成功的学习者更聪明，不如说他们更会思考，更懂得观察自己的思维过程，更懂得如何反思自己是如何思考的。

就好像你看一部电影，你会跟着影片主角的情绪哈哈大笑，或者嘤嘤落泪。你也可以更理智地去想，她为什么会哭？她的期待是什么？接下来影片可能会怎样发展？我为什么会哭？我想到了什么？如果我换一种想法会是怎样的感受？

这种灵魂出窍似的，跳出自己的思考就是“元认知”。

元认知是美国心理学家J.H.弗拉维尔提出的概念，是指对自己认知的认知。当你对自己的行为、认知以及思考过程进行观察、感知和评价的时候，就是在动用你的“元认知”能力。换句话说，当你在思考“原来我是在想……”“我这样想对吗？”“我还可以怎么想？”的时候，你就是在进行元认知了。

通常情况下，我们很容易意识到别人的认知模式：你这样想是不对的，你有点偷换概念耶，你的逻辑有问题好吗？……但却很少意识到自己的认知模式，如果没有对自己认知模式的认知，那么我们就会一遍又一遍做出同样的行为，于是得到一个又一个相同的结果。

作为食物链的顶端，我们人类的心智与其他动物最与众不同的特征就是“心声”。当我们观察和检验自己的思维过程的时候，会听到一种来自自身的声音：

“不行，千万不能这样做！”

“我就是什么都做不好！”

“我是光，我是电，我是唯一的神话！”

这些来自我们内心的声音，事实上就是元认知的“黑匣子”发出的。大多情况下，我们都会顺应这个声音，或陷入情绪之中，或匆匆做出决定。

罗马教皇马克·奥勒留曾说过：“惯性思维怎样，心智就会怎样，因为你的灵魂已经被思想侵染。”

从某种意义上讲，自律的人之所以是心智成熟、自我意识水平最高的人，是因为他们可以对元认知有效利用。

如果让你现在什么都不做就闭上眼睛呼吸，你会发现你的大脑根本不能停止。想法的产生我们是无法控制的，但怎样处理这些想法却是问题的关键，如果我们能有效地利用元认知，就能发现自己思维的bug，从而减少行为的错误。

我刚开始写作的时候，每次投稿都被拒，简直扎心得不行啊！于是，我开始怀疑自我，怀疑人生，怀疑蛋挞里根本没有蛋！总之就是陷入了非常糟糕的感觉，认为自己根本就不适合写东西。所以，后来我再写东西也没有热情了，态度变得消极了，于是文字越想越烂，被拒得越来越快，状态变得越来越糟……

直到有一天，我意识到自己已经掉入了一个基于元认知的消极思维的反馈回路中。我一直没有意识到的是，我在问题之中，真正要做的不是陷在问题中寻找出口，而是应该从问题中抽身出来，用理性的视角去审视我的思维过程和消极的想法。

因为被拒了几次稿，我形成了一个“我是个loser”的负面自我叙述，然后我就跌入了这个情绪中，想出了很多失败的糗事来印证这个叙述，从而强化了负面的自我评价，最终影响了我所有后续的行为。

于是，我就重新输入了一个自我叙述，被拒稿意味着我的文章和投稿标准存在偏差，偏差是什么？影响偏差最大的点在哪里？我应该如何改进？当我试图利用元认知来控制大脑开始新的思考模式以后，我就从阻碍自己的负面反馈中分离出来了。

所以，如果你不知道如何摆脱目前的困境，是时候让灵魂出窍来审视自己，做出改变了！

（1）利用元认知管理情绪

你身边有没有让你特别讨厌的人？就是连接水都想绕着他走的那种讨厌。你不但特别容易和他争执，也可能因为对他的负面情绪影响了工作上的沟通。

你需要追问自己对他的厌恶来自哪里，对于发现的每一个点，你都需要停下来，去思考自己对这点的判断是什么。比如他的高冷让你讨厌，那么对于这一点，你的内心一定有一个判断，可能是“高冷的人都太能装”“高冷的人都不好沟通”“高冷的人可能随时会怼我”……然后你就会看到自己在这个判断下的行为。

有了角度，才有评判。每当你不爽的时候，你有意识到自己在评判吗？你有思考过你正处在哪个角度吗？

所以，如果想改变这样的模式，重新输入一个新的判断，是破局的关键。

（2）利用元认知提升学习效果

同样是阅读，为什么有的人读过一本书后可以将知识举一反三，有的人放下书却什么都不记得？

一个成熟的学习者，在阅读过程中也会时刻利用元认知技能。首先，他明白自己读这本书的目的是什么，是为了解决自己什么问题或是提升什么技能。其次，他能随时意识到自己不理解的内容，然后用合适的方法，比如重读上下文，查阅原始资料，询问别人等方式帮助自己理解消化。最后，他通过学习可以发现在书中提到的某些观点上，自己一直以来存在的思维或行动的错误，并思考如何纠正。

慢慢地，这就成了他习惯的一部分，随时触发，自动启用。

（3）利用元认知改变思维模式

许多文章都在强调思维模式的重要性，但是我们真的很少去思考自己的思维模式，即便思考了也不一定能得到满意的结果。

事实上，如果我们只是跳出来去思考自己的思维模式，相对来说确实比较困难。如果我们可以找到一个标杆人物，在改变思维模式这件事上就会容易很多啦！

你身边至少有一个让你佩服或羡慕的人吧？如果他是和你接触比较多，或者是和你比较近距离的，那么你就可以把他当作标杆了！

用心观察他每天遇到的事情，以及对所发生的事情产生的决定或行动。然后向自己提问：如果是你，你会怎样做？你采取这个行为，背后的想法是什么？他行为背后的想法又是什么？你们之间在哪点上有所不同？你如何可以让自己在这点上与他一致？

在你不断进行这样的元认知过程，你真的就会“长大后，我就成了你”……

真正的高手，不是智商比别人高，动作比别人快，而是他们具备最高级的“元认知能力”。

就像日本设计大师山本耀司说的：**“自己”这个东西往往是看不见的，你要撞上一些别的什么东西，反弹回来，才会了解“自己”。**

愿我们不断碰撞，不断反思，自我迭代，生生不息！

六、碎片化学习，是路也是坑

01

临睡前刷到常齐峰的朋友圈更新：知识付费是个黑洞，我一路骑着火箭直奔而去，感觉已经万劫不复。

突然好有画面感啊……

齐峰是我以前的同事，每次和新员工自我介绍的时候，他都会给自己贴上“终身学习者”的标签。在这一点上，大家认同得五体投地的同时，还要高举双手赞同。

随着2016年知识付费热潮的到来，齐峰开始洗心革面，重新做人。先是在朋友圈昭告天下自己已经卸载了所有手游，然后九宫格各种学习App。再然后是各种聚会不参加，上下班路上听音频。

这以后，齐峰每天的状态大概就是：清晨起床，他打开得到App的大咖专栏，边洗漱边收听学习。白天一有空闲，马上会打开喜马拉雅听有声书。晚上临睡前，要打开知乎刷刷大神们的高赞回答。就连在洗手间的时候，都要打开微信公众号，翻看几篇10万+爆文。

后来有一天，女朋友说和他在一起的时候总有种愧疚感，感觉自己耽误了他的锦绣人生。齐峰说：“你看，我越来越发现自己有那么多东西都不知道，这社会变化多快啊！我再不抓紧时间，就要被淘汰了！”

然后，他的女朋友先社会一步淘汰了他。

看到他深夜的这条朋友圈，我想，他的碎片化学习终于演绎成了“从拼命到放弃”的悲伤大戏。

一个人学习的动力，应该是想要成长的热情，而不是对知识的焦虑。热情会让你趟出一条路，焦虑会让你掉进一个坑。

02

黑格尔说过，存在即合理。随着工作压力越来越大，自己可支配的时间越来越少，移动互联网发展越来越快，学习的途径变得越来越多，碎片化学习应需而生。

我从来不反对碎片化学习，对碎片化学习嗤之以鼻、迎头痛击的人，大多是因为偏激地理解了碎片化的意思。

仔细想来，碎片化学习似乎已经成了档次很高的一件事。可是，如果现在你去问自己身边的人什么是碎片化学习，估计很少能有人给出让你听起来比较满意的答案。

我认为，所谓的碎片化学习，其实是三种对象的碎片化：一是将学习的内容碎片化，二是将学习的时间碎片化，三是将自己碎片化。

坦白来讲，内容和时间的碎片化是没有什么问题的，凑零为整，零存整取也不错。一直备受争议的，其实是我们在碎片化学习的过程中，不知不觉将自己碎片化了。

跟风似的学习各种课程，只会让自己在专注的路上越走越偏。不断地搜索爆文，被情绪勒索，只会让自己本来就不健全的三观无下限地刷新。

当你的碎片化学习是基于逃避和无聊的时候，越感到充实，自己也就越支离破碎。

所以，**碎片化学习没有错，错的是碎片化自己。**

03

听到“碎片化”，很容易让人感到莫名地焦虑，可是仔细想想，难道我们以前的生活就不是碎片化的吗？工作，上下班，早中晚饭，躺好睡觉……你们看，这些固定的事情并没有改变，我们每天的时间本就是被一些固定的事情分解了的。

那么，问题来了，没有提到碎片化学习之前，你剩下的时间都在做什么？和朋友聊QQ，不停换台看电视，逛街，发呆，做家务……除了阅读以外，剩下的这些碎还是不碎又有什么区别呢？碎片化学习首先是积极的，因为它也是一种学习，而且是有很多优点的学习方式：

（1）学习成本低

拿培训为例，一场全天地面培训课的价格至少在四百元以上，同样的成本可以订阅许多个在线学习专栏了啊！同时，节省了外出培训的时间成本和精力成本，我们可以随时随地学习，只要掏出手机。

（2）容易坚持

每天听一本书，比每天花4个小时阅读要来的容易。每天听一个课程，比每天坐在培训教室一整天要容易。越简单越容易的事情，就越容易坚持。

（3）更容易有效利用时间

鲁迅爷爷说过："哪有什么天才，我只是把别人喝咖啡的时间都用到工作上。"碎片化学习，更有利于我们利用自由时间去学习。刷牙的时候，走路的时候，等车的时候，排队的时候，洗衣服的时候……我们不用等到万事俱备，只要打开手机，点开App就可以开始学习了。

当然，任何一件事只要有利，就一定有弊端，在碎片化学习的模式下：

（1）不容易专注

学习的质量往往是由专注的程度决定的，同时，人进入专注的状态是需要时间的。然而，你可能刚拿出手机打开一个课程学习，就被一通电话或一条微信打断了。

当我们利用碎片时间学习的时候，很难进入专注的状态。

（2）更容易主动分心

我们一般会在什么样的状态下进行碎片学习？大多是我们自身处于动态的时候，或是置身于嘈杂的环境的时候。

当你听着音频，乘坐地铁的时候，突然看到旁边站着美女。咦？这个姑娘真好啊！她在干吗呢？哦，在吃鸡呢！我以前也总和那谁谁一起玩耶！说起来，那家伙现在干吗呢？好像好久不见了……在这种情况下，我们正在学习的内容，很可能就沦为了我们混乱思维列车的背景音。

（3）很难被记忆

我们很少为碎片化学习做较多的准备，这就导致我们的学习效果大打折扣，也是许多人吐槽碎片化学习没用的主要原因。当我们看到一个课程视频，或听到一本书里的某个知识点的时候，当时可能在内心拍手叫好，但很少真的有人会把它记录下来。

大多时候我们都只是提醒自己，嗯，这点说得对，一会儿坐下来的时候我要记下来。或者是，对，这点能帮到我处理某事，现在手头不方便记，等我到公司的……悲惨的是，然后就没有然后了。当我们可以记录的时候，可能早把要记录这事忘了，更别提要记的内容本身了。

04

2017年，网民人均周上网时长27小时。其中在线学习约占20%，而20%里的79%是手机在线教育课程。搜索引擎约占83%，这83%里面有97.5%是手机搜索。

这表明，随着移动互联网的发展，碎片化学习越来越成为一种趋势。

问题的对立面就是解决问题的方法。虽然碎片化学习有很多问题，但如果我们可以用更有效的方法解决这些问题，真正地扬长避短，那么在高效学习这件事上，一切都会变得不一样。

（1）变被动为主动

被动学习，是导致碎片化学习无效的最根本原因。面对各种知识碎片，如果我们没有自己的知识体系，就不能辨别哪些知识对自己有用。当我们建立了知识体系，所有的碎片都可以用来查缺补漏，产生高价值的作用。

1）确定目标

在开始学习之前，先搭建自己的知识体系，确定自己想要学习的领域、计划所需的时间、预计达成的效果。

2）化繁为简

在各种信息下，有效识别出与自己的学习目标匹配的课程或内容。时刻秉承“实现专注，少就是多”的原则。

3）主动搜索

人一旦空闲，就容易等待，而等待是最耗费时间的事情。所以，我们要主动去搜索学习资源，从源头保证自己学习内容的质量是相对较高的。用同样的时间学习质量越高的内容，越划算。

（2）固定学习时间和学习内容

我们的潜意识是喜欢熟悉的事物的，在固定的时间做固定的事，会让我们的潜意识更愿意接受，也更愿意开始。所以，尽量在固定的时间学习固定的内容是碎片化学习的有效策略。

每个人可以根据自己的情况，按时间段划分学习内容。比如，我会把自由的时间分为2小时的上下班时间，20分钟的家务时间，10分钟的等待时间，5分钟的任何时间……上下班的时间相对较为整块，所以这个时间段我都会选择听书。

因为做家务的时候会涉及使用一部分大脑，相对没有那么专注，我会听一篇Ted音频，或者听一篇“得到”上的音频。10分钟的等待时间我可以看完一篇10万+的文章，同时学习作者的思路和框架。5分钟可以做很多事了，思考一个问题，舒活一下筋骨，听一首歌或者看一个内涵段子……

（3）记录和整理

碎片化学习很容易陷入好像学了很多，但又好像什么都没学会的大坑。事实上，我们乐观了。因为许多时候，我们根本就是很快把听到看到的忘记了，根本就还没有上升到学的层面。

只有我们把新接触的知识点记下来，才会产生后续思考和践行的可能。因为我喜欢背大包，所以会随身携带一个小的笔记本，学到什么有价值的会马上写下来。当然，你也可以借助手机，有许多App都适合记录，比如印象笔记，有道云笔记，甚至手机自带备忘录。用手机记录的好处是可以建立文件夹，对所学知识进行分类保存。

（4）独立思考

苏格拉底说过，不经思考的人生，不值得一过。

对于任何所学的内容，我们一定要独立思考，否则很容易在信息的席卷下人云亦云，对相反的观点不置可否。

这个观点是在讲什么？结合目前的情况，我可以将他用在哪些地方？我打算如何去做？

说到底，碎片化学习也是学习的一种方式，而且越来越适应这个社会发展的节奏。如果有坑，迈过它就好啦！毕竟，根据“最速曲线”原理，两点间最短的距离不是直线，而是阻力最小的曲线。

七、如何建立自己的知识体系

01

你们有没有每天都听到身边爆出巨响？

坦白讲，我有。每天我都能听到信息爆炸的声音——啪啪啪……我是说，砰砰砰！

凯凯昨天和我吐槽他每天的日常：

一早醒来，先打开电视，听一条接一条的新闻报道；乘坐地铁的时候，从打开一条信息到不断跳转到其他页面；忙碌上班的同时，手机不断提醒新的消息；在卫生间习惯性地打开微信，发现朋友圈的红点又出现了……

这应该是大部分人的日常吧？我们正处在一个信息爆炸的时代，汹涌的信息漩涡将我们拖陷其中并不得自拔。

有学者统计，我们每天接收的信息量相当于174份报纸。而今天的一份报纸，信息量比17世纪一个普通英国人的一生经历都要丰富。近30年来，人类生产的信息已超过过去5000年信息生产的总和。

自豪吗？骄傲吗？想为现在的一切高歌呐喊吗？可是，如果让你说说今天都看到了哪些信息，你能说出来超过三条，我就输你一包辣条！

为什么我们掌握的信息越来越多，知识迭代越来越快，可是真正让我们记住的，印象深刻的信息却越来越少？

因为我们的大脑在狂轰滥炸的信息碎片下，已经变成了各种信息的跑马场。我们如果不将接收到的信息转化为知识，并将它们用在自己的生活和工作中，那么读再多的书，收藏再多的干货，也不过是在掩饰自己在战略上的懒惰。

在这种状态下，你好累哦，好委屈哦，好头大哦……好活该哦。

我们必须要构建自己的知识体系，应对信息过载，并能真正地学以致用。只有体系化的知识结构才能让我们真正思考，洞察趋势，更好地采取行动。

02

说到知识体系，我以前对这个概念特别模糊。体系是什么？怎样就可以算作体系了？

百度百科对“系统”的定义是：泛指一定范围内或同类的事物按照一定的秩序和内部联系组合而成的整体，是不同系统组成的系统。所以，体系就是不同结构联系起来的系统，而系统的组成单位是元素。

所以，在一个知识体系里，一个知识点就是元素，它们通过不同的结构组成一个系统，每个系统之间又通过联系构成了知识体系。

那么，你的知识体系应该是什么样子？

这让我想到另一个特别燃的问题：你想要的是什么？我尝试过问周围的很多人，结果的相似度竟然达到99%！很诧异吧？对啊，他们的反应都是——一脸懵圈。

像这种时候，逆向思维就非常好用了。这个思维太简单了，简单到我们在小学的时候就已经运用得炉火纯青了。不相信？那就想一想你做一道困难的选择题的过程啊！你是怎样选出最终结果的？别害羞，快和我一起大声地喊出来：排除法！

确定不了想要的是什么，总能确定自己不想要的是什么吧？不能确定哪个选择是正确的，总能确定哪个是不正确的吧？

“得到”总编辑李翔曾分享过三不好的知识体系，快来对号入座啊：

（1）缺乏纵深

你们身边一定有这样的人吧？好像什么都知道些，但又什么都理解得不深。

一个人的知识面再广，也至少应该在一点上比较深入。毕竟，我们人类大脑的伟大不在于对知识的记忆，如果想凭借知识的记忆作为自己的核心竞争力，那我们永远都赢不了计算机。计算机是记录0和1的组合，而我们的大脑是通过数十亿个神经元相互联系储存信息的。况且，计算机用电，我们吃饭，同样的事，我们应该选择成本最小，效果最好的方式啊！

缺乏纵深的机械性记忆，是一种低效的学习方法。随着AI时代的到来，用这种方式学习的可替代性将会越来越高。

（2）单一化

查理·芒格在《穷查理宝典》中一再强调“多元思维”，它是我们认识世界的基本态度。

我们理解的世界，只是我们的主观世界，而主观世界与客观世界存在着巨大的鸿沟。一千个人眼里，有一千个哈姆雷特，说的就是这个意思。许多人的思维非常局限且单一，就像查理·芒格常说的一句话：**手里拿着铁锤的人，看到什么都觉得是钉子。**

有段日子，各公众号纷纷发稿关于三观的文章。事实上，关于三观不合这件事，就是彼此都在自己单一化的思维下挥舞铁锤，因为各自都无法看到和接纳自己认知以外的东西，而最高级的三观就是能接受彼此的不同。

单一化的思维模型会屏蔽我们的视野，禁锢我们的成长，让我们看不到更多可能，而一个人的成长，就是一个自我破碎，自我重组的过程。所以，越成熟的人，理解一件事情的能力越强。

（3）松散无联系

你们有过在衣柜里找衣服的经历吗？如果你的衣柜不是挂式结构，我相信每次找衣服对你来说都是一个痛苦的过程。

同样，如果我们大脑中的知识没有经过整理，就像衣柜里混乱堆积的衣服一样，不但增加了搜索的成本，也增加了我们的认知负荷。

我们大脑里的神经元是一张巨大的网，通过彼此联系完成记忆提取。联系越多，提取的难度就越低。如果做不到创建信息网络，实现知识相互关联，那么我们就不能对知识完全理解。

这就是我们听了很多道理，却依旧过不好这一生的原因。**不是道理不好，而是我们对道理的理解不够。**

03

我们可以因为不会做饭去点外卖，可以因为找不到合适的图片去找设计大神，但如果我们想高速地处理信息，有机地整合知识，充分地利用所学，搭建知识体系这件事只能我们自己来。

其实，一切并没有你想象的那么难：

（1）获取信息

我们每天会看到听到各种信息，但不得不承认的是，其中80%的信息对我们而言都可以被视为无效信息。

在筛选信息之前，我们首先要认清我们自己。你必须要知道你是怎样的人，想成为怎样的人，你有哪些特长或天赋，你要提升什么能力，你的学习目的是什么。

我们要找到真正需要的信息，将没有用的删除。毕竟，在搭建知识体系这件事上，只有对自己有用的知识，才值得认真学习。

然后，我们可以通过筛选和主动的方式去找到这些信息。

抛开工作所需的专业知识而言，我的知识体系主要涉及心理学，脑神经科学，历史，数学，物理，哲学……这并不是说这些方面我都很厉害，有的方面我理解的知识点其实并不多，但不需要厉害不代表不需要知道，哪怕我只知道几个核心点，也足够我用来思考和解决身边发生的事情。

如果你还没有建立自己的知识体系，建议你确定相关领域后，先找到每个领域的临界知识，也就是那些能给我们带来关键影响的知识。

（2）理解

如果我们不能真正理解所学的知识，那么我们不过只是知识的搬运工，或者只是将知识复制再粘贴到大脑的人工计算机。

只有真正被我们理解的知识，才不容易遗忘，才会成为我们的一部分。

理查德·费曼发明的费曼技巧是一项对整体性学习特别有帮助

的技巧，它着重强调了理解的重要性，并提出了关于理解知识点的方法，那就是设想你是老师，正在试图教会一名新生这个知识点，如果在这个过程中你遇到难题，或者发现了疑惑，那就暂停，然后返回头重新去用各种方式把它搞懂。

试过后，我发现这个方法不但相当有效，还非常有趣，会议室的白板已经快被我敲烂了……

（3）建立联系

只有发生关联的知识才能被称作体系。不管你的知识系统是链式、塔式、思维导图、还是网状，有联系才是硬道理。

当知识提取的线索越多，它们在我们大脑中的痕迹就越持久。当一个知识在我们的思维中关联得越多，知识的记忆就越牢固。

《如何高效学习》中推荐的比喻法、内化法和图表法是可操作性很强的方法，可以让我们的知识系统更牢固。

总之，知识系统之间不应该羞涩矜持，而是要勾勾搭搭。

（4）刻意练习

我们总是习惯性地待在自己的舒适区，习惯性地使用经常用的思维处理问题。可是，如果我们想要学会更深刻的知识，就必须反复使用那些我们没有掌握的知识。

就像我们之前所说，我们大脑的神经元遵循“用进废退”原则，如果知识体系中的一些知识不能被我们经常使用，那么这些神经元之间的联结就会越来越弱，直至完全消失。

所以，对于需要思考和解决的事情，我会强迫自己用两种以上的知识交叉使用。比如，当我设计一门课程的时候，我经常会用逻辑学的知识设计内容，用认知心理学的知识设计环节流程。

任何不成体系的“努力学习”，都只是作秀而已；任何不讲方法的“自强不息”，都只是看起来很努力。

搭建知识体系的过程，是一个从0到1的过程。你不用要求自己上来就得到10分的成果，比成果更重要的，是你要真正地开始。如果你迟迟对自己下不了狠手，那我只能说，原来你对自己这么好啊！嗯，难怪一直活得这么怂。

八、刻意练习：用正确的方法，实现职场跃迁

01

你们每天上班最扎心的日常是什么？对我来说，就是快递小哥哥们取件的时候，总对那个好看的同事说：“你的字真好看啊，真是字如其人！”结果到我这里就只剩下了“字如其人”……想哭。

我一直都觉得自己的字写得很丑，所以特别羡慕写得一手好字的人。我一直以为，字写得美丑，基本全要看手，每当我看到自己铲子一样的大手的时候，就会想，没办法啊，先天基因决定后天字体。

后来有天，我发现魁哥的字写得真是好看啊！可我就想不通啊，他那么胖，还有胡子，手也肯定好看不到哪里啊！于是我就跑去掰他的手，果然啊，他的手厚厚的，连手指都是那种用手机打字一定都很费劲的宽度啊！他能写出这么好看的字，简直天理难容啊！

后来，我用一杯星巴克取回了真经。魁哥说自己以前的字写的特别丑，初中有次考试因为他作文的字太难看了，老师直接给了他零分。于是，年轻气盛的魁哥当时就立志要成为年级写字最帅的那个。

那以后，魁哥开始认真地去写每一个字，原本一个小时就能完成的作业，他用三小时。后来他买了各种字帖、毛笔、钢笔，报名书法班……不断地写啊写啊写，于是，他就写得一手好字了。

在这个世界上，靠基因和天赋决定的事真的太少了。所谓天才，不过是训练的产物。

02

莫扎特的完美音高并不是天赋异禀，而是因为他在4岁以前就开始接受父亲的高强度训练。

小提琴鬼才帕格尼尼不是天生就会用一根G弦演奏，而是早为表演做好了充足的训练。

阿廖欣不是拥有超凡大脑才赢得世界象棋大师，而是他从7岁就开始钻研象棋。

就像《异类》里所说："人们眼中的天才之所以卓越非凡，并非天生超人一等，而是付出了持续不断的努力。"

我认为人的努力分三种，一种是假装努力，看起来很拼也很忙，但其实做事情的时候从来不走心。进阶版的是低水平努力，只用蛮力，不讲方法。最高级的努力，是刻意练习。

为什么你的室友明明没有像你那么卖力地学英文，可是水平却好到可以和国外的boss侃侃而谈？

为什么你的同事看起来没有你工作努力，可是业绩却总是远远超过你？

不是因为他们比你更聪明，更努力，而是他们的学习方式比你更有效，他们一直在刻意练习。

杰出不是一种天赋，而是一种方法。

03

《刻意练习》整本书都在强调，新手与高手最大的区别就是“心理表征”。

心理表征源于认知心理学。《刻意练习》的作者将它定义为：一种与我们大脑正在思考的某个事物、某个观点、某些信息或者其他任何事物相对应的心理结构，或者具体或者抽象。

简而言之，就是我们常说的下意识。比如，说起猫，你马上会想到猫有两只耳朵，一双大眼睛，一条长尾巴，浑身毛茸茸的，你不需要去思考或者搜索记忆，你很容易就想起关于猫的所有细节，甚至还有自己吸猫的画面……但是，如果我说的是美短、渐层、布偶这些词，你可能就需要思考一下才能构建出画面，而对于宠物师来说，他想起某种类型的猫就和你想起猫的时候一样，完全是下意识的。这，就是区别。

电影《鸿门宴》里，范增和张良互弈盲棋，不用看棋盘，就能噼里啪啦地一下说出好几步棋。虽然我不懂棋技，可是觉得他们简直帅翻了啊！张良说范曾深不可测，自己在首局变了几种不同棋法，他都能及时察觉。他们不用过多思考就能分析棋子的位置，就能判断出未来的路径。这种让我们觉得令人难以置信的能力，就来自心理表征。

我们对一个主题研究得越多越透彻，那么就会对这个主题有更深刻的心理表征。大师们的厉害之处，就在于他们对一件事不仅能够进行深度的理解和解读，把它们长时间地保存在自己的记忆当中，而且还能够对它们随时提取，灵活运用。

当我们还在吃臭豆腐的时候，高手们已经发现榴莲了。当我们还在观察一只蚂蚁的时候，高手们已经看见整片森林了。

04

想要拥有高手的心理表征，就一定要进行大量的刻意练习。练习时间的长短，并不是决定性因素，比如我们小区修车的张大爷，差不多修了半辈子的自行车，可还是不能算作高手。

如何才能做到真正的刻意练习，从新手成为大师呢？

（1）明确目标

在你想提升的领域确定明确的阶段性目标。

比如，如果你想成为Excel大师，就每天学会一个新的快捷方式。如果你想成为沟通专家，就每天和一个陌生人聊天10分钟。你想成为写作高手，就每天写一篇文章并增加一个点赞量。

你也可以把目标拆解，一步步完成阶段性目标。

我们之所以爱玩游戏的一个原因就是，游戏目标十分明确。我要升级，要买装备，要不能死，要拿到MVP……如果一款游戏只是让你不停地打怪，估计你早就删号不玩了。

目标是我们的发力点，如果没有目标，我们就很容易上演以为自己在努力，其实只是在感动自己的苦情戏。

（2）遵循3F原则

1）专注（Focus）

人只有在专注的状态下，才会开始真正地思考。这就是为什么我们每天都在App上背几个单词，没事看看英文短片，却感觉不到英语能力有提升的原因。

有句话说，简单的事重复做，你就是行家；重复的事用心做，你就是专家。我们只有真正地专注，才会真正地走心。

2）反馈（Feedback）

当我们做一件事的时候，如果没有反馈，我们就不会知道自己做得对还是不对。这是非常可怕的一件事，在这种模式下，我们有可能一直重复错误的方法却不自知，或者我们的方法本来是正确的，却被我们在不知情的情况下终止而去改用错误的方法了。

我们总听到的那句话，读万卷书不如行万里路，行万里路不如遇人无数，遇人无数不如名师指路。最好的反馈，来自该领域最权威的专业人士，他会一针见血地看出你的问题，给你最有效的改进建议和解决办法。在专业人士的反馈下，你的练习不仅正确，而且高效。

当然，如果我们很难找到这样的一个人，也是有办法获得反馈的。比如读该领域的书籍，在微信群里找人讨论，甚至只是通过一些工具。比如，练习短跑的人，每次到达终点时，秒表的时间就是他的反馈，励志减肥的人，每次体重秤上的数字就是他的反馈。

渐渐地，我们就可以运用元认知，检测自己，发现过程中的问题，不断调整，找出更好更适合自己的方法。

3）纠正（Fix It）

这点应该就不需要多说了，只是发现自己练习过程中的问题，什么都不做是没有意义的，发现问题后我们要及时调整以修正自己的行为和方法才是正解。

（3）走出舒适区

如果我们只对同一个目标不断练习，那么，我们只会停留在这个水平上，即便我们练上10万个小时，也不会成为高手。我们必须在获得反馈后，不断调整自己的目标，包括改进原有方法，或者将目标调整为更高水平。

一个人面临的挑战越大，大脑中的变化也越大。就如我们一直所说的神经可塑性，通过挑战新的目标，大脑的神经元会生长和发育，神经元之间的连接会更加牢固。我们的大脑就像肌肉一样，越挑战，越厉害。比如我挑战100个仰卧起坐的那阵子，每次小腹肌肉都酸疼得不行，但正是因为这种不舒适，肌肉才得以被锻炼。

有句话说，别把兴趣当职业，这会毁了你的兴趣。这是因为当我们把一件事只是当成兴趣的时候，就会反复享受同一水平的乐趣，一旦我们对自己的兴趣有了更高的要求，就必须走出自己的舒适区，去锻炼和挑战，这个时候我们就变得不那么爽了。

所以，当我们觉得做某事痛苦的时候是应该更开心的时候。黑暗是希望，因为这意味着，马上就会是黎明了。

（4）保持动机

每当我们遇到障碍或挑战的时候，就是我们需要回头去坚定自己动机的时候。我们的动机来源可能是内部，也可以是外部。我们想自己的人生更有意义，我们希望自己被周围的人肯定，我们想更健康……

不忘初心，方得始终。不忘动机，才有力量。

刘同在微博里曾经写道："为什么会每天都跑步？为什么每天都写点东西？为什么每天睡前都要看点东西……因为大多数人都没有每一天坚持的东西，所以任何一种坚持都能区分别人和自己。"

所有杰出的人都是在找准方向后，不断地刻意练习，一步步持续努力，才练就了让人仰止的能力。

有句话说得特别好，多数人努力程度之低，还没达到拼天赋的地步。我们的人生充满可能，愿我们每个人都可以在进行了大量刻意练习的努力后，拥有可以去拼天赋的资格。

九、如何实现高效阅读

好吧，又要自曝糗事了。

当我还是一名职场小喽啰的时候，我唯一的优越感来自我认为自己是一个非常喜欢阅读的人。我经常在微博上拍照上传自己正在读的书，经常成批成批地买书，经常在地铁上很认真地阅读。

有天，同事说他报名的读书会自己没有时间参加了，问我是不是愿意去。哎呀呀，她太懂我了啊！原来我爱阅读这件事，已经深入广大群众的心里了啊！

这么好的机会，我必须连想都不用想就答应啊！

结果，读书会刚开始，主持人居然邀请每位在场的人分享一下自己最近在读的书。

我简直瞬间慌乱啊！完全出乎意料啊，完全没有准备啊，关键是，我完全分享不出来啊……

在座的每一个人的分享都精彩绝伦，有用排比句的，有用比较级的，有引经据典的，也有结合自身的。

轮到我的时候，我支支吾吾半天，只吐出句：“我最近在看的每本书都挺好的……嗯，挺好的。”

那天起，我开始陷入了自我怀疑中，我怀疑自己到底是不是真的读过那些书，我第一次意识到自己读过后什么都不记得。我人生第一次觉得，书读了再多也没有用，

我甚至认为曾经花了那么多时间在读书上，简直是对人生的浪费。

是啊，这就是我两年前在读书这件事上的状态。那时候，我每天看着书架上的书就觉得特别气愤，当然，这是种自己对自己的生气，生气自己为什么读过就忘。就像王小波所说，人类一切的痛苦，本质上都是对自己无能的愤怒。

说真的，“干脆把书都扔了吧！”这个念头在我松子大的脑子里盘桓过不下100次，还好在第101次的时候，我一向爱财如命的心获胜，成功地抑制住了这个败家的想法。

读了不记得，不是书有问题，而是我读书的方法有问题。我仔细回想了自己以前的读书状态，好像从动机开始就很呆萌，似乎我读书的目的只是想把它读完，当然，许多时候还会在过程中顺手摆拍下，然后发个朋友圈等待大家纷纷点赞。

所以，我想说的是，当你把读完一本书作为读书的全部目标时，那么你根本不用一页一页地浏览，直接唰唰地翻完就好了。反正都是记不住，读和翻根本没有区别嘛！

当我意识到自己的读书方法必须要改变，并且真的去做了之后，我一年内读了100多本书，平均每周两本，而且在逼迫自己改变

阅读方法的同时，做到了学以致用。那种感觉就好像被打通了任督二脉，整个世界也变得瞬间清明，当然，也正是因此，才有了这本书。

在如何高效阅读这件事上，作为一名中过埋伏，踩过地雷，掉过深坑的先行兵，我真的有好多心得想分享啊！

（1）选书

如果你读过很多书，就会发现，有很多书并不值得你花费很多时间。这样的书往往核心的观点只有几个，其他的篇幅不过是通过大量的佐证去证明这些观点而已。

根据帕累托的二八定律，市面上各领域的同类书籍中，20%的书有80%的价值，你的目标就是去用心地找到这样的书。

怎样去找?

1）快速浏览读书笔记

针对你想学习的领域，你可以首先在网上搜索相关书籍的读书笔记，然后快速地阅读。在这个过程中你会发现每本书的核心内容，然后再根据需求决定买还是不买。

2）看一本书的序作者

与一本书的推荐者相比，了解序作者相对来说更有价值。因为许多时候，一本书的推荐者，未必是读过这本书的。相比之下，书的序作者之所以可以作序，正是因为他是那个读过的人。

如果一本书的序作者是有名气的，你就可以更信任这本书了。同时，在购书的时候，大部分书的序你都可以在书的详情中看到一些，这对你选购一本书有很强的参考意义。

3）先听后买

我在很多平台都购买了会员，就是希望能更有针对性地选书。

之所以这么做，一是因为可以被作为听书内容的书，基本是经典书籍或是畅销书籍，这样在开始的时候就将选书的漏斗变小了。二是因为我们通过听一本书的精华，就可以大体判断这本书是不是自己需要的了。

其实总体算下来，购买听书会员的成本总小于买了很多本低价值书的成本。

这样的听书App有很多，我个人比较喜欢“樊登读书”，因为这上面所有的书都是樊登亲口讲述，听起来比那些念稿一样的口述更走心。

（2）如何读

1）二次读书法

通常我在第一次阅读一本书的时候，会用比较快的速度。在这个过程有两个快速读书的方法：

①指读法

就是用手指在字的下面滑动阅读，这个方法的好处有两个：一是可以提高速度，二是可以变得更专注，尤其是第二点，你试过就会知道。当然，你也可以在翻页的时候顺便舔下手指，嗯。

②屏蔽法

你最爱看的公众号排版是哪种？我掐指一算，应该是那种页面两边间距较大的那种。这是因为我们的视线关注点一般不在两端。所以，你可以尝试把每行字的首段三个字和末尾三个字屏蔽不看。相信我，这不但会大大提升你的阅读速度，同时完全不会影响你对内容的理解。

咦？你已经在试了吗？我就说我童叟无欺吧！

在通读全书的过程中，不管是用划线还是折页的方法，你可以将下面的内容作为二次阅读的内容：

不理解的

对自己有启发的

现阶段可以用到的

2）记录

我以前在对待书这件事上很有洁癖，别说写写画画了，就是不小心把书折了角心里都会别扭，所以之前我的书都是干干净净的。

直到后来公司的副总颠覆了我："天那！你这样多累啊！读书不是就要写写画画的吗？"我也是那天才明白了，毛主席的老师徐特立先生说过的那句话：不动笔墨不读书。

于是，每当我读书的时候，手里肯定是握着一支笔的，为此我还专门在淘宝买了一款书签笔，就是既可以当作书签，又可以当作笔的东西，种草你们。

我一般动笔的情况有两种：

①喜欢的句子

我会在读到喜欢的句子的时候划下来，这些句子就会作为这本书的金句被我保存下来，所谓的保存一定不能只是保存在书上。我会把它们抄在笔记本上，这样，在保留的同时，会加深自己的记忆。之后，要经常定期翻看笔记，就像看一本书一样。

每当我觉得有点知识焦虑的时候，看着这些笔记本在身边，让我觉得很踏实。

李敖曾经介绍过一个自己读书的方法，他每次相同的书都会买两本，需要正面的信息就剪这本书，如果背面的信息也有用，就剪另一本，再把剪下来的书分类放进资料夹。所有的资料，他不凭记忆来记住，而是凭细化的分类来记住。他说书看完了就被大卸八块，书进了资料夹，才算看完了这本书。

比起摘抄，这样的方式更节省时间，推荐大家试试。

②核心知识点

不管是不是书的作者要阐述的重要观点，只要是对我有启发，有触动，可以引发思考的内容，我都归为核心知识点。这个时候，如果只是简单地划线、摘抄到笔记本，就不是有效的学习方式了。

我会在重要的文字或观点下划线，并在旁边做笔记：

- 用自己的话阐述作者的观点
- 这个观点和我的工作生活有什么联系？
- 如果用这个观点去改变行为，我将做出的第一步是什么？

在这个过程中，我可能会因为对一个概念不理解，而去度娘更多信息，也可能会购买相关拓展书籍，我也因此跳跃出这本书而学习到更多东西，知识体系正在慢慢建立。

如果你真的是懒癌晚期，那么你也至少需要在每个章节看完后合上书，让自己复述这一章主要讲了什么。

不管怎样，关键的关键是你要保证自己真的是在思考，而不是让自己的脑袋变成别人思想的跑马场。

（3）以教为学

当我们认真地阅读了一篇文章或一个章节后，导致我们阅读质量不高的原因除了缺乏思考外，就是“以为知道”。事实上，我们的大脑在阅读过大量信息后，本身是比较混乱的，我们如果不尝试通过分享进行输出，就不会检验自己是不是真的知道。

如果一件事我们连讲都讲不清楚，那么可能我们根本就没有完全理解它。

分享是最伟大的学习方式：

1）本来以为自己知道了，但真的当你张开嘴打算说点什么的时候，发现好像什么都说不出来。这就需要你重新回顾，梳理脑中的信息并组织好语言，将内隐记忆转换为外显记忆。

2）在讲述的过程中，你发现有些关键点好像讲得比较浅显，说服力不强，这就需要你去从更深的角度把它搞懂。于是你就会在自己大脑整个知识体系里翻箱倒柜，深入思考。

3）别人在这个过程中，可能会提出一些问题，而这些问题都是帮你提升自己的礼物。

别说找不到倾听对象，你可以写读书笔记，写拆书稿，可以在各App开通线上课……在提升自己的同时还有钱拿，简直赚大了好不好？

好吧，就算这些你都不愿意，你总可以在洗手间自己讲给自己听吧？

这个世界从来没有所谓的天赋异禀，你看到了“别人家的孩子”的优秀出众，却没看到他们背后的努力。人和人的差距从来不在于谁知道得多，谁知道得少，而是有些人不但知道，而且真的去做了。

时间一天天地过去，我们终会因为我们的坚持变得或铿锵丰富，或堕落苍白。

十、给你四个最快速有效的记忆方式

01

我正在物色一个可以帮我带早饭的人，但我绝对不会找唐小泡，因为她的记性实在太差了。

大学同学告诉她自己周六结婚，结果没过两天，她微信问人家周日几点到比较合适。

上个月给男朋友买了件T恤，满办公室炫耀，结果前天又买了件一模一样的。

开会的时候，部门经理确认项目中每个人的任务，她怕忘记就都写了下来。可她后来还是被骂了，因为她忘了自己曾经记过。

罄竹难书啊，有没有？

后来有段日子，唐小泡迷上了《最强大脑》。午休的时候，经常一个人对着横屏的手机瞠目结舌。说实话，我好怕她继续看下去哪天会想不开啊，要知道，我们公司在十五层啊！

唐小泡说，整个节目里她最喜欢的是李利，因为她觉得和那些名校学霸比起来，李利是代表成功的普通人。

她说李利本来只是一名客服专员，当她想到自己会在这种一眼就可以望到头的日子中过完一生的时候，看到了《最强大脑》这个节目。于是她一头扎进了“世界记忆大师”的考证之路，并且在2016年考取成功。

唐小泡越说越激动：“你知道吗？李利没有什么记忆天赋，她是通过一步步努力走到今天的。”

“她之前就是个客服专员啊，对吧？那我还是市场专员呢！”

“我觉得，只要有方法，我，我的脑子也能提升几个Level！”

好吧，我再也不担心她会跳楼了。

其实唐小泡说的是对的，这个世界上没有几个在记忆力方面天赋异禀的人，多的是通过正确的方法不断练习的人。

02

在说正确的方法之前，我们先来看看什么是记忆。

记忆分为短期记忆和长期记忆。

短期记忆也叫工作记忆，是指我们在同一时间能够意识到多少项内容，就像我们之前所说，这个数字不会超过7个。它就像我们头脑中的一个临时便签本，可以保存下我们当下的目标或计划。

因为短期记忆的容量非常有限，遗忘速度很快，也非常容易被其他活动干扰。

翻开书，马冬梅。合上书，马什么梅？翻开书，马冬梅。合上书，马冬什么？翻开书，马冬梅。合上书，什么冬梅？

嗯，就是这样。

长期记忆就可爱多了，它是我们通常情况下所说的记忆，也是提高记忆力的主要方向。长期记忆相对永久的，而且容量几乎无上限，且不容易被干扰。

可以这样说，信息一旦以长期记忆的形式存储在我们的大脑中，就几乎是永久存在了。我们只是想不起，但并不意味着它们不存在。

我们接收的信息，是通过短期记忆以某种方式编码转存到长期记忆的。

想象一下我们整理电脑桌面就很好理解了，我们的电脑桌面占据的是容量有限的C盘，再想存更多文件之前，我们首先要先将它清空。于是，在整理的过程中，我们把有些文件通过归类存进了D盘，把有些文件直接删掉了。存进D盘的文件，就成了我们的长期记忆。

03

我们的记忆是由三个阶段组成的，这三个阶段也被称为“记忆3R”：读取（Recording）、存储（Retaining）、检索（Retrieval）。

当我们在使用电脑的时候，大概就会经历这几个过程。如果我们根本没有输入信息，电脑就无法读取。如果我们写了大半天的文档，结果“咔”的一声断电了，那么我们就没有完成存储这个过程。如果我们明明输入了信息，并且做了保存，可是在用到某个文档的时候却偏偏搜索不到，那么就可能是因为我们对文件的命名方式出了问题，导致电脑无法检索。

抢答开始！你们认为我们记忆所出的问题大多是在哪个阶段？答对了，是检索。

和把信息一股脑地扔进大脑相比，检索是更困难的。大多时候，我们之所以记不清某些事，想不起某个人的名字，不是因为我们真的不记得，而是我们不能将它们提取出来。

比较悲催的消息是，我们不能直接在检索这件事上做出直接的努力，我们能够做的是通过正确的读取和有效的存储方式，间接地让大脑可以完成信息检索和提取。

好消息是，几乎所有信息的记忆都建立在记忆的基本原则上，我们掌握了这些原则，就能更快更好地记住信息。

在《如何高效记忆》这本书中，提到了关于记忆的五大原则：

（1）意义

我们所学的内容对我们越有意义，我们就会越容易记住。我们可以利用熟悉感、有韵律的表述、找到规律等原则，让所学的内容有意义。

（2）组织

我们越有意识地组织内容，检索就变得越容易。比如金字塔原理所运用的以上统下、归类分组。

（3）联想

指将我们想学的东西和已经知道的东西联系起来，这可以帮我们检索我们存储在记忆里，但又不能准确说出来的信息。

（4）图像化

因为图像比文字更难忘，同时图像包括语言和视觉记忆两部分，所以能被检索就多了一倍的可能。

（5）专注

如果缺少了专注，那么就意味着在接收信息的最初，我们的大脑根本没有启用读取过程。换句话说，我们的大脑不是忘了，而是压根就不知道。

04

提高记忆力的方法和技巧，都是建立在记忆力的特点和原则上：

（1）351-351记忆法

艾宾浩斯通过多年的实验和研究，得到了人类的记忆力曲线，证明我们记忆的遗忘速度是不规则的，在最开始的阶段遗忘得最快，随着时间的推移，遗忘的速度逐渐放慢。最后，遗忘停止，没有被遗忘的记忆就成了长期记忆。

如果我们在学习之后，可以在遗忘之前对知识进行复习，就能避免遗忘的出现，把知识变成更多的长期记忆，从而终身保留。

举个例子，当你看完一篇文章后，要尽量在3个小时之内回忆一遍。然后在5小时内、10小时内、3天内、5天内、10天内分别复习一遍。这样，你对这篇文章的长期记忆就会形成，而且相当深刻。

在这个过程中，如果你想不起某个段落，不要立即查看，而是要继续往下回忆。全部回想过后，再重新回想刚才遗忘的那一部分，这样记忆才会更牢固。

（2）首字母或关键字记忆法

首字母记忆法可以通过提供线索生成原始信息，这就使我们的记忆内容缩小，记忆检索变得更容易。

我们接触到的各种思维模型和工具，就经常用到首字母记忆。比如SMART原则、5W1H①、GROW模型、PDCA流程……

---

① 5W1H也叫六何分析法，分别是：什么事情（What）、什么地点（Where）、什么时候（When）、责任人（Who）、原因（Why）和如何做（How）。

关键字记忆法和首字母记忆法相同，是记住一个词和一句话的关键字，比如我们每天走出家门时的“伸手要钱”，就是在提醒自己要带好身份证、手机、钥匙、钱包。

（3）链接记忆法

链接记忆法，就是找到我们需要记忆的内容和内容之间的链接，通过视觉化想象，形成一个记忆链条，从而更快地记住大量的内容。

比如我们现在去记忆木头、医生、地毯、玫瑰、锤子这5个词，就可以想象成一个戴着木头帽子的医生两手分别拿着玫瑰和锤子，坐在飞起来的地毯上。通过这样生动夸张的画面，我们就记住了全部的词。

如果需要记忆的词是按序的，我们就可以用动态视觉链条去记忆。一块木头滚到了一个医生脚下，于是他被撞到地毯上，捡起了一朵玫瑰，然后用锤子把它砸烂了。

我刚刚尝试用链接记忆法记住了社会主义核心价值观，完胜！

（4）定位记忆法

这种方法起源于西塞罗，是古希腊和罗马演说家在进行冗长演讲时经常用到的方法。他们将要讲的内容用视觉形象代表，然后在头脑中给视觉图像安排不同的位置。

定位系统需要两步。先在头脑中有逻辑地记住熟悉的位置，然后把每一个视觉图像和位置图像进行关联。

我们可以先记住家里的位置图，比如单元门、屋门、鞋柜、沙发、茶几，然后在头脑中清晰地按这个路线走一遍。

OK，还是记忆刚才的那几个词，木头，医生，地毯，玫瑰，锤子。你就可以想象在单元门门口有一块大木头，有个医生正在敲你家屋门，你走进去，看见鞋柜被一块红色地毯盖住了，再往前走，你看到沙发上放着一束玫瑰花，然后你走到茶几，看到上面放着一个锤子。

《神探夏洛克》里无所不能的“记忆宫殿”，其实就是一种定位记忆法。

说到底，记忆力是一种能力。能力是什么？能力就是通过不断地刻意练习可以习得的。那些可以1分钟记忆一副打乱的扑克，4天记忆一整本大学英语单词书，3个月通过司法考试认证的人，只比我们多做了三件事：**学习正确的方法，并不断练习，然后频繁运用。**

这个世上从来没有任何一件事是一蹴而就的，你以为的幸运，是别人努力了好久才发出的光。

第五章

在职场，不得不说的那些“小事”

一、怎样成为更好的自己？先成为更好看的自己啊

01

综合实力一样的两个人站在一起，你更喜欢哪个？

还用想吗？当然是更“好看”的那个啊！

乔先生说，他上周面试客户经理职位，有两个人面试表现很好。面试结束后发现，两个人的综合评分都很高。这就让人好纠结，好犹豫啊！

是啊，他最终聘用了那个看起来更职业化的人。

你们以为我会评价乔先生以貌取人吗？不，我认为这个决定太正确了！两个人明明各方面能力相当，不用那个看起来更好的人，难道乔先生脑子有泡吗？

看起来更好不是说五官硬件有多标志，因为职场不是选美。可是，一个人职业化的外表恰恰是他社会化程度的体现。

我们总是想成为更好的自己，可是，在其他因素不可控的条件下，我们为什么不能先从收拾好自己这件最简单的事情做起呢？

我一直很疑惑，为什么我们总把变健康、变渊博、变强大作为天然应该，却常常把变好看、变漂亮拿出来质疑和指摘呢？它们根本就互不矛盾，它们根本是一回事好吗？

在成为更好的自己这条路上，先成为更好看的自己就是你的起跑线啊！因为这是你决定变得更好后最容易着手去做的一件事啊！

02

杨澜曾经讲过一段自己在英国的经历：

在一次重要的面试上，她因为自己当天随意的穿着遭到了面试官的鄙夷，并认为她的形象和简历不符，拒绝继续向她提问。她当时非常生气，认为只要有机会一定能证明自己的能力，让面试官重新看待。当然，因为她的形象，她连表现能力的机会也没有得到。她第一次意识到，以貌取人应该是一个正义的词语。

后来，当她装扮好自己应聘一家大牌化妆品公司的市场推广岗位时，她得体的着装打扮为她的表现加了分。精致干练的女上司对她说：你非常优秀，欢迎你的加入。

杨澜后来总结得很精辟：**没有人有义务必须透过连你自己都毫不在意的邋遢外表，去发现你优秀的内在。**

出来做事，在得到别人的尊敬之前，首先要靠自己支撑出风范。

03

美国著名形象设计师莫利曾对美国《财富》排名前300名的100名执行总监做过调查，97%的人认为能够展示外表魅力的人，在公司中有更多升迁的机会，92%的人不会选用不懂穿着的人做自己的助手。

好扎心，但是也好有道理。

在心理学上有一个效应叫“首因效应”，无论一个看法是正确的还是错误的，大部分人都依赖第一印象的信息。心理学家研究发现，人的第一印象的形成是非常短暂的，最多不会超过40秒，然后你几乎就被盖棺定论了。

在快节奏的现代化社会，很少有人愿意花很多的时间去深入了解一个留给他不好印象的人。要知道，我们没有第二次机会去留下第一印象啊！

我的一个大学同学，是我身边最关注自身形象的一个人。关注到什么程度呢？举个例子吧，她下楼扔垃圾前，都会先在镜子前好好地审视下自己。

你们以为她是个肤浅的人吗？你们以为她会是个花瓶一样的女子吗？不。

我的大学同学硕士学位，雅思8分，在一家外企公司任职市场总监。

前些日子她从欧洲度假归来后，邀请我参加了她和她老公的婚礼。至于她的老公，我是不会在这里形容的。我虽然矮，但是不傻，我是不会冒着因为拉仇恨而被你们拍的风险说出来的！

如果我不认识她，我也会认为她只是众多开挂美女中的一个。可事实上，她并不美，或者说并不够美，而她之所以可以活得这么成功，是因为她从未放弃过“变得更美”。

她说，她很早就明白一个道理：内在与外在本就是和谐统一的。如果你想成为更好的自己，那就先在外在上去努力变得更好，好到当有一天你会认为你的内在配不上你的外在的时候，那种羞耻感足以逼迫你去为提升你的内在不遗余力！

这让我想到中国某投资银行的老总在谈到形象的重要性时曾说：“当我要裁人时，我就先从穿着最差的人开始。”

背后一凉，有没有？

在北美经济学家的一次抽样调查中发现，形象优秀的职员的工资高于平均水平14%，着装优秀的律师的收入高于平均水平18%。

外表不能反映我们的内涵，却是我们可以展现出内涵的机会。就像《哈利·波特》里所说，服装往往可以表现人格。

想变得更好、走得更远的路上会面临许多不可控的因素，而让自己更好看是体现自身优秀最表面的那部分，也是其中最简单、最容易搞定的事情。

如果连这点都没有去做，别人凭什么相信换成别的事你就可以？

04

“看起来很成功”对我们有三方面好处：

（1）会让我们有更大的自信。

（2）根据认知协调理论，我们会调整自己的言行和举止，使之符合我们的形象。

（3）可以提升影响力，让身边的人认为你是一支可以信赖的潜力股。

关于形象的几点建议：

（1）男士最专业的着装当然是西服了，写下这句话的时候面前满满的霸道总裁的既视感啊！当然了，如果你所在的人群并没有那么专业，一身西服可能让你过于突兀，即便如此，也应该尽量穿着衬衫，或带领的T恤，天冷的时候就在衬衫外面加件开身羊绒衫，高端大气上档次。至于我们女生，那可操作的范围就很广泛了，连衣裙、小西装、OL风、瑞丽风、中性风、御女范……哈哈哈。

（2）全身服装的颜色最好不要超过三种，不然给人的感觉就有点飘了。男士请坚决避免碎花衬衫，因为看到那样的你，别人就会以为自己在海边。同理可证，女士请不要穿凉拖。

（3）不管身材多好的女生，请不要把旗袍穿到公司，因为它太容易让人联想到交际花。当然，也很有可能穿出茶水妹的气质。

（4）在时尚与职业化冲突的时候，请选择职业化，不要模仿明星，因为对明星而言，时尚就是他的职业。

（5）蕾丝衣服真的不适合办公室，职场不是一个需要强化女性角色的地方。同时，蕾丝服装大多显得廉价和低档。

（6）起球的衣服不要穿，易皱的衣服不要穿，薄露透的衣服不要穿。

（7）男士不要穿白色袜子，这点不说了，真的丑爆了。

当然，有些人好像并不那么在意穿着也很成功，比如比尔·盖茨，比如扎克伯格，比如乔布斯。那是因为他们的成就和业绩已经远远超出了形象可以传达的一切。当你像他们一样厉害的时候，你穿成什么，那都将成为一种品牌。

人生是场修行，我们每个人都在为成为更好的自己而努力。更好看的自己不就是更好的自己的一部分吗？既然专业技能需要学习，提升能力需要时间，社会经验需要累积，还有什么比先塑造更好的个人形象更简单的事呢？况且，当你真的这样做了，你就会发现，其他的事居然变得没有那么难了。

要时刻记得，你就是你所穿的。

二、时间管理：如何成为一个高效的人

01

听说坦白从宽，所以我决定自首。

2016年之前，我的时间管理几乎就靠deadline（最后期限）。对那时候的我来说，只要在规定的时间完成了任务，就是时间管理得很好了。当然，这个过程是按计划执行的，还是拖延到不能再拖？反正我能完成，我怕啥？

2016年我成功晋升宝妈，并在产假结束后升职管理者。一瞬间感觉所有的事情扑面而来啊！各种会议开到头疼，电话经常因为长时间接打而没电，新员工带训和安抚老员工情绪交替进行，需要提升能力不停充电，回到家孩子各种粘人腾不出手，陪玩喂奶刷奶瓶洗衣服无间断进行……

有天我突然很害怕，害怕眼睛就这样一睁一闭，我的一辈子就过去了。人不是忙着生，就是忙着死。《被讨厌的勇气》里讲道，心理学家阿德勒认为，生命本身是没有意义的，它的意义是我们赋予的。

于是，我决定用时间管理重新规划自己的人生，从忙乱无章的状态中解脱，逆袭。

我想说，当一个人真的感到时间不够用的时候，才会开始真正的时间管理。这也是为什么时间管理对许多人没有帮助的原因，对一部分人来说，如果没有额外的目标和需求，那么通过自我管理而节省下来的时间又有什么意义呢？追剧、发呆、玩游戏……比忙碌更不能被接受的，是无聊。所以，他们不是不知道怎样管理时间，

而是根本不想管理自己的时间。

企管专家马克·麦西尼将每个人的时间比喻成银行户头，每个人每天都有86400元可以随意使用，0点清零，周而复始。从这个角度而言，时间是绝对公平的。

时间管理，归根结底是更有效地帮那些想将人生活出意义的人的实现方法，也是在绝对的时间公平下，让一个人的成功看起来“不公平”的暗箱。

02

当我真正开始时间管理以后，我考下了心理咨询师，拿到了一级企业培训师的证书，开发了8个培训课件，搭建完成了公司的培训体系，做了3期线上微课，读了320本书，写完了15万字，嗯，不包括这本书……同时，除了周末，我每天至少有3小时的时间专注陪娃，我也因此成为他心里第一重要的那个人，于是我们经常一起开心地虐娃的爸爸，哈哈哈！

经常有人问我是怎样做到工作、生活和自我的平衡的，你们说，除了“干”，还能怎样呢？好吧，为了避免被你们群殴，我坦白从宽：

（1）记录你的时间

管理时间的前提是，首先要知道自己的时间都花在了哪里。

如果问你昨天花了多少时间在学习上，在微信上和别人互动花了多长时间，真正工作了几个小时……你可能会思考再三，最后给出一个你以为的答案。

然而，没有记录，就没有事实。

如果你想开始时间管理，就请从明早开始严格记录自己的时间。你可以做一个表格，第一列是事情开始时间，第二列是具体的事情，第三列是事情的结束时间。需要注意的是，一定要客观记录，如果事件A在进行中被事件B打断，你就要先在表上记下A的结束时间，然后开始记录事件B。第四列可以对具体事情进行归类，标注事情所属类别，比如工作、学习、吃饭、家务……在每天结束前，统计各项事情所花的时间。

这样做有三个好处：可以清晰地知道自己的时间都花在了哪里，可以意识到自己在时间管理上的问题和着手点，可以不用看表就能较为精确地感知时间。

你可以再进一步，阶段性将各类事情所花的时间百分比用饼图呈现，这样便看清了自己的时间花费构成，然后问问自己这样的状态和你期望的是不是一致，如果不一致，及时调整。

一个人的时间花在哪里，结果就在哪里。

（2）关注“重要不紧急”

我一直认为，柯维博士提出的第四代时间管理法不仅仅是管理时间的方法，更是一种价值观层面的选择体现。

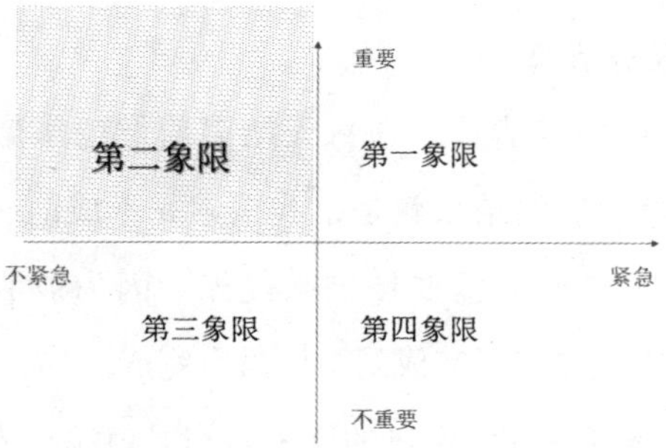

时间管理四象限

在这个模型中，我们最该关注的是那些重要不紧急的事情。根据“二八法则”，我们应该把80%的时间花在这一象限的事情上。

举个例子，比如我家的厨房水管滴水，于是我用盆放在下面接水。你们说，修水管重要吗？重要，但是不紧急，反正我用盆接满再倒也可以。但与维修水管相比，我却会因为无数次的接水倒水而花费更多时间，同时也会因为突然忘记倒水导致水漫金山的紧急情况发生。所以，我最应该做的是尽快修好水管。

防病比治病重要，道理我们都懂。然而，真正这样做的人却很少。

李笑来老师曾说：“大多数人都抱着类似这样的想法：如果收获可能性很大，最好马上看到成果；如果收获的可能性很小，最好马上知道结果。”

我们在本能的驱使下，对于不能马上知道结果的事，总是不愿花费更多的时间。但是，优秀的人之所以优秀，就是因为他们许多时候是反本能的啊！

那么，如何判断一件事是否重要呢？当然是看这件事是不是更有利于人生目标的实现啊！

（3）重置任务清单

我也经常使用任务清单，在每天结束前像记账似的写下明天要做的N件事。这样做的结果就是，我根本完不成前一天写的那些事，因为总有突发性时间需要插进来优先。因为被混乱地间断计划，导致许多本应该在当天完成的工作没有完成。

那种感觉像极了韩寒曾说过的话，备忘录就是记下来，然后准备忘记……

后来，当我意识到我的主要时间应该花费在最重要的事上之后，我就调整了我的时间管理清单：

1）每天只写最重要的三件事

回想之前自己为什么总感觉计划赶不上变化，是因为在我心里没有“底线”。所谓的底线，就是不管发生任何事，都不能改变作为最重要的三件事的执行。

没有底线，就会一再地被打断、被影响、被推迟、被省略。就像“趁早”的创始人王潇说的那样，如果总是受他人他物的影响，生命只好一次次被干扰。

我在每天晚上都会用印象笔记写下第二天要做的三件事，然后拼尽全力地保证执行。这样，如果第二天发生了临时事情，如果十分紧急，我会用最快的时间完成，然后继续那三件事，如果不紧急，我会优先做完三件事后再去思考和解决。

做最重要的事这件事本身，可能短期看不到成果，但只要坚持下来，就会有美好发生，比如我每天都在坚持写一些字，于是就有了这本书。

2）建立一张“不办清单”

承认吗？我们每天做的很多事其实是可做可不做的，甚至是不应该做的。在我时间最紧张的那段日子，连外出吃饭都被我列进了清单，毕竟可以点外卖，可以订饭，也可以吃别人的饭，嗯……

将所有你不必做的事都用头脑风暴的方式写下来，你就可以估算出去做这些事所需要的时间。如果不做这些事，我们就节省了时间。

时间是有限的，所以佛性地讲，我们要“舍得”，因此必须放弃许多事，以完成对我们而言真正重要的事。

（4）警惕“暗时间”

暗时间是指没有产生直接成果的时间，比如走路、买菜、洗脸、坐公车、逛街、吃饭、睡觉……在这些过程中，我们的大脑几乎只是在空转，就像一台只是处于开机状态的计算机，除了自身系统，没有跑任何程序。

这样不但很无聊，而且真的很浪费时间好吗？

随着在时间管理上的深入，我对于暗时间的利用程度越来越高：

1）我会在每天临睡前，准备或下载好第二天上下班路上要听的音频，只要一出门，耳机就戴起来，听着各类学习音频狂拽地走在路上。

2）视频类的课程，TED①演讲之类的内容我会放在洗衣服或吃饭的时候进行。

3）每天下午三点，我会给自己20分钟的下午茶时间，在办公室踱步的同时，思考一个需要解决的问题，这样既运动了身体又没有让思维闲置。

4）在临睡前，我会向潜意识下订单，告诉它我正在构思的文章，然后就安然睡去。好几次在第二天醒来的时候，我都会想出一个比较清晰的文章架构。毕竟，潜意识不眠不休，在睡觉的时候还能继续工作，不利用这一点亏大了！

（5）准备Plan B

计划赶不上变化，当我们遇到一些状况无法按计划执行的时候，这种情况如果不提前计划，就会在茫然和等待中浪费时间。

---

① TED是美国的一家私有非营利机构，该机构以它组织的TED大会著称，会议的宗旨是“传播一切值得传播的创意”。

比如，我的原计划A是每天早上6点晨跑，但偶尔起床会发现当天下雨，这个时候如果没有其他行动计划，我很可能就会上下淘宝，刷刷朋友圈，看看知乎……时间不知不觉就过去了。为了有效利用时间，我会准备一本一直想看的非专业书籍，当不能跑步的时候，我就可以安心享受一小时悠闲的畅读时光了。

时间管理，是一个延展性很宽的主题，想要有所收获就需要我们不断地学习和践行。就像《把时间当作朋友》里所说的一样：人是没办法管理时间的，我们能管理的只能是我们自己。

我们的人生，就是曾经无数次选择的结果，而我们或因懒惰而蹉跎，或因努力而收获。所有的一切——时间，看得见。

三、公开演讲都不行，你拿什么混职场

01

鲁淼从上海出差回来了，刚一下飞机就给我发来了微信，说自己想休几天年假去旅行，问我有没有兴趣一起。

说走就走的旅行我听说过，但还没听说过刚升职就要走的旅行。

我问她：“你不是去上海做新晋岗位述职的吗？刚升就闪人啊？”

她就回了我三个字：“升个P！”

后来见面我才知道，鲁淼的升职被暂缓了，因为上海总部的人认为她的述职报告太烂了。

鲁淼越说越激动："你说，本来这事都定了，结果他们又这样！不就是个述职报告吗？那么多boss坐那儿，还不许我紧张了？不就讲PPT吗？他们挑什么挑啊！"

这让我想起新东方学校年会上那首扎心的歌：干活的累死累活，有成果那又如何，到头来干不过写PPT的……

我还想到前百度的用户体验总监刘超因为IXDC（国际体验设计协会）大会上的演讲，丢掉了年薪百万的工作。

我不知道有多少人名不副实地谋得高就，但我知道有很多业务能力很强的人却因为公开演讲而输得一败涂地。

孔子曰：言不顺则事不成。小到一次会上发言，大到一次公开演讲，从面试自我介绍，到为客户讲述方案，不管是日常工作汇报，还是重要成果展示，演讲能力已经成为让一个人脱颖而出的重要能力。

曾有调查发现，大多数人购买苹果手机，并不是因为手机本身，而是被乔布斯在苹果发布会上的演讲所折服，也正是因此，iphone一经上市，便卖出十几亿台。

所以，我们这篇文章的标题应该是：《用这几个方法，让你轻松赚到几亿》……

02

在公开演讲这件事上，我真的是走过弯路，做过无用功，摔过狗吃屎……结果，现在培训已经成了我的主要工作，既然我大难不死，总有些心得想摸着良心分享给你们啊！

（1）演讲应该遵循的三个原则

1）明确目标

凡事预则立，不预则废。如果我们在准备演讲前从来没有想过自己的目标是什么，那么从最开始就已经注定了我们的演讲是失败的。

目标的确定，应该围绕两个维度：思维和情感。

①思维

没有促使改变的发生的演讲，不过是自己的自嗨。所以，一定要在演讲前明确你的演讲可能给观众带来的积极结果是什么，他们可能会因为你的演讲改变自己的心态，可能做出新的决定，也可能会采取一些行动。是不是想想就觉得好嗨哦？

②情感

沃伦·比蒂曾说：“他们可能忘掉你说过些什么，但是永远不会忘记你的话曾带给他们的感觉。”因为人们的决定，不是基于事实，而是基于情感做出的。

所以，情感对于演讲而言是很关键的，只是很多人都忽略了。别人忽略的，就是最有空间和机会的。在演讲之前就应该想好，你想通过演讲让观众最终体验到什么情感？感动、乐观、积极、兴奋、勇敢、自信、谨慎……一定要认真地思考，因为这是你演讲的灵魂。

2）关联观众

每个人最在乎的，是他自己啊！如果没有人在乎你说的和他有什么关系，也就没有人会听你在说什么。

大部分人的演讲都有一个致命的错误，就是演讲的人只顾拼命把要讲的东西丢给观众，完全不站在观众的角度去考虑他们的需求。所以，这样的演讲在观众看来，结果只能是关你什么事和关我什么事。

在TTT（职业培训师培训）的课上，我总会和培训师们开玩笑说，如果你让一个人意识到时间管理对自己是重要的，那么之后你再说什么都是对的，如果你让一个人感到了情绪管理对自己是多么重要，那么你给出的所有管理情绪的方法都是有效的。

在准备演讲内容的时候，一定要问自己：为什么观众要重视你的话？你的演讲对他们有什么价值或意义？

3）接受紧张

在公开演讲这件事上，我被问到最多的问题就是：我总是紧张，怎么办？

唉，我们的爬行脑经过这么长时间的进化，都没有多大提升。对于暴露在众目睽睽之下这件事，我们的爬行脑会将它列入警示范围，对它而言，这样的情况就意味着我们不是正在被猎物们虎视眈眈，就是将被族群审判驱逐。

于是，我们的肾上腺素开始分泌，呼吸变得急促，以保证为血液补充更多的氧气；心跳加快，准备开始行动；手心出汗，可以滑溜溜地逃跑；血液回流至四肢，随时准备逃跑或战斗。然后，你负责处理思维的前额叶皮质就瘫痪了，你像傻狍子一样站在那里，大脑一片空白……

这是基于大脑的本能，所以我从来不相信有人面对演讲会不紧张，如果有人和你这样说过，要么他是真傻，要么就是纯属扯淡。

那么，怎样缓解紧张呢？

①充分地准备

紧张的程度和我们准备的充分度是成反比的，我们准备得越充分，就越胸有成竹，越有底气和自信。

②转移关注点

很多时候我们的紧张是来自别人对我们的评价，我讲得不好怎么办？我出错了怎么办？他们不喜欢我怎么办？当我们把自己作为关注点的时候，就会越关注越紧张。当你把你的关注点放在观众身上的时候，去思考他们现在是什么状态，他们需要的是什么，你怎样做才可以帮到他们，相信我吧，你肯定不会紧张。因为那时对你而言，自己好不好已经不再重要，帮助别人对你来说才是最重要的。

歌声响起来，只要人人都献出一点爱，世界将变成美好的人间……

③松弛到底再紧张三分

崔永元说自己刚从业的时候，每次录制节目都很紧张。后来他的心理医生教给他一个物理方法特别管用，就是让他每次上场前都攥紧拳头，咬紧牙关，绷紧关节，自己和自己较劲。但是这个方法太管用了，导致他后来每次上台都吊儿郎当地找不到感觉。

后来，崔永元去请教倪萍。倪萍说他松弛过度了，要他上台前多跳几下，这样血压升高了，血流加快了，兴奋感就慢慢回来了。松弛到底，再紧张起来三寸，是最舒服的状态。

说到底，紧张不可怕，可怕的是害怕紧张。

（2）演讲内容的三个部分

1）开场

曾有专家提出七秒法则，就是说在听众决定是否关注你讲话之前，你只有七秒的时间可以利用。所以，如果你在开始的时候介绍和寒暄，无疑是在浪费机会和时间。

开场最好的方式就是简单直接。如果可以，请用“你们”开头，这是吸引听众注意最有效的方式。

2）内容

演讲的内容，就是为了达到你演讲的目的，观众需要知道的信息。不管你演讲的内容有多么重要，知识多么复杂，你的要点也不要超过三个。越简单越好，越少越好，在人们有限的注意力下，少就是多。

你的观众需要知道哪三点，就是你演讲内容的要点。它们可以是并列关系，也可以是基于“为什么，是什么，怎样做”的逻辑关系，或者是流程顺序关系。

3）结尾

根据“末因效应”，演讲结尾对人们的影响力往往最大，就像一首诗的最后一句话，一篇文章的最后一句收尾。

结尾部分可以用号召，用总结，用故事，用金句……

（3）语音语调和肢体语言

根据73855法则，真正产生影响力的因素中语言只占7%，语音语调占38%，肢体语言占比55%。所以，比你的内容更重要的是这些。

1）语音语调

你们一定听过谁用一种语音语调结束了整场演讲吧？弱弱地问一句，你睡着了吗？

许多人性格比较低调内敛，很难做到声音的抑扬顿挫。有一个很好的办法攻克这个难题，就是每天朗诵《沁园春·雪》三遍，要求是带有强烈的感情色彩。你也可以每天讲一本绘本，想象周围有一群小朋友在萌萌哒望着你……

这样坚持几天，你的语音语调就会有明显改变。

2）肢体语言

肢体语言对人的影响力是巨大的，因为它可以跨越人的新大脑皮层，直接抵达潜意识。在演讲过程中用到的主要肢体语言就是手势，只是真正演讲高手的肢体语言运用得炉火纯青，以至于很少有人会注意到这点。

需要提醒的是，一定要保证你所有的手势在你的腰部以上，不然有还不如没有。为什么？你对着镜子做几次就明白了。

写在最后：

（1）如果演讲时间较长，就在开始前和观众约定和告知演讲规则，比如大概时长，休息时间，是否有答疑环节等等。

（2）PPT上不要写大量的文字，如果你只是照本宣科，那么还不如把PPT发给大家，自己回家睡大觉。

（3）尽量不要把你的后背给观众，不管是看PPT，还是书写的时候。当你这样做得越多，时间越长，就越容易在你和观众之间形成对立的关系。

（4）大脑down机的时候，你可以问下大家对于刚才的内容有没有疑问，大家有没有疑问不重要，重要的是你拥有了重启的时间。当然，你也可以坦然地告诉大家自己忘记讲到哪里了，大家很可能会帮你想起来。不管任何时候，真诚都是最最重要的。

（5）如果遇到提出挑衅问题的人，你一定要保证自己是敞开而中立的状态。你甚至不用回答他的问题，而是询问在场的其他人是否也有和他一样的问题，然后微笑着告诉他：“看来这是你的专属问题，为了不耽误其他人的时间，演讲结束后我们再做后续交流。”

（6）排练的时候，选择一面镜子，哪怕是洗手间的。演讲前几天，每天对着镜子排练，如果发现哪里有问题就及时调整，直到拥有没有中断的完满体验。这是缓解紧张、提升自信最有效的方式。你会站在台上告诉自己："我能做到！"这不是一句鸡汤，而是因为你彩排时做到过啊！

说到演讲就有停不下来的冲动，想分享的还有很多，如果你对演讲感兴趣，欢迎随时来撩啊！

另外，对于演讲我还想说……

谁？是谁捂住了我的嘴……

四、职场整理术：让你告别混乱，轻装前行

01

公司市场部经理最近非常焦灼，走路带风，如果我们办公室的走廊够长，我觉得她下一秒就能起飞，脱离地表……

前天下午，她刚从会议室出来，就风风火火地小跑过来，坐到我旁边的工位："快，招个人，招个人！"

我说："因为太忙了受不了，所以……要跳槽？"

她白眼一翻："你看我忙得有时间跳槽吗？最近长沙要办场地面活动，部门人手不够了。"

我在脑子里大概过了下她部门的架构，建议她先考虑从内部调人，节省成本不说，主要这是一个特别好的机会，可以锻炼员工的

能力，实现自我提升，万一项目顺利，还可以有奖金……

她想了想，觉得目前市场部就王迪还可以忙里抽身。不过，她又马上补充：“不行，不行，绝对不能让他去！”

其实我觉得王迪小朋友还是不错的，工作态度特别好，任何需要加班的时候，他从来没有推脱过。虽然平时所做的基础性工作比较多，但他还是很有上进心的，我看到过不止一次他在午休的时候看工作相关的专业书。对他来说，这是迅速提升专业能力的千载难逢的好机会啊！

我实在想不出市场部经理舍近求远的原因，所以问她为什么。

结果她就炸毛了：“其实我最开始就是想让他做这个项目，结果走到他工位找他的时候……你知道吗？他工位简直乱死了！你说，我怎么能放心把这么重要的事交给这样一个人？所以，我转头就走了。”

我对王迪的工位确实记忆深刻，书、台历、便条纸、订书器、计算器、耳机、饭盒、钥匙串、水杯、零食、空饮料瓶……你们玩过找找看的游戏吗？对啊，就是在杂物里找人的感觉……

在职场，办公桌的杂乱，意味着它的主人工作低效，专注力欠缺，马虎散漫，简而言之就是——让人不放心。

02

曾有人对美国200家大公司的职员进行调查，数据显示员工每年会有6周的时间浪费在寻找乱放的东西上面。这意味着什么？这意味着我们每年10%的时间花费得毫无意义。

你有过这些时候吗？

很久前的一个重要的文件，你确定自己保存在了E盘，于是挨个文件夹地打开查找，直到自己找得想吐。

有人来问你要一个文档，于是你输入各种关键字检索，却怎么也找不到，于是大脑瞬间空白，茫然无措。

新入职的公司需要一寸照片，你开始翻箱倒柜地找，想想自己以前照过很多次，怎么一张也找不到。

你想起有一本专业书籍对你现在手头的工作很有帮助，可是哪里都没有找到，于是你感叹真的是书到用时方恨少。

你的电脑桌面堆积如山，你找不到昨天的会议记录，也找不到一会儿开会要用的文件。

你的衣橱混乱不堪，你翻到最下面也找不到那件搭配你紫色外套的衬衫。

我们都承认，环境是人打造的，但很少有人意识到环境也会“反噬”我们的。

在混乱的环境中，我们有限的注意力被分散、打断，很难专注于当前的工作；我们会不断地消耗自己的意志力来集中精力；我们会花费大量的时间在找东西上；我们的职业化形象越来越低……

我的好朋友蚂小蚁小姐是一位资深整理师，她曾说过，如果一个人工作和生活的空间混乱，那么他的内心也一定是混乱的。

所有的混乱，都来自我们从来没有过整理的意识。所有的焦虑，都来自我们一直以来放纵自己的随意。

03

如果你真的想让自己的人生自由而高效，就必须把杂乱无章的现在彻底清除，从各个方面保持井井有条。

（1）电脑文件

1）文件夹命名

你电脑桌面上的图标如果超过了两列，那真的就太多了。因为我们没有明确的归档规则，所以我们对于电脑桌面上文件的原则就成了：回头再说、可能还用、到底存哪。于是，我们的桌面越来越乱，文档越来越多。

种草蚂小蚁小姐推荐给我的一种超好用的电脑文件夹命名规则：前缀+主题+后缀。

前缀：可以是主次，频率，或大的类别。

主题：可以是类型，项目，地点，人物。

后缀：时间，或者是版本。

只有文件夹做好科学命名，文件才能做到有家可归。

2）定期归档

每天：将当天的桌面文档进行关键字命名，并保存到对应文件夹。

每周：删除已完结项目的各类临时性文档，或修改前文档，确保只保存最终文档。如果有些文档还不能确定是否可以删除，就保存在暂存文件夹。

每月：清理暂存文件夹里的文档，将已经确认不需要再用的文档删除，将还会用到的文档重新命名后保存到对应文件夹。

保证你的文件可以像发工资一样地准时归档，一旦习惯养成，你的工作效率完全可以碾压众生。

（2）邮件系统

你的邮件系统里的文件夹是如何建立的？事实上，一个简洁的

Email系统只需要两个文件夹，待办文件夹和保存文件夹。

选择每天在固定时间查阅邮件，查阅的同时保证即刻处理。将需要你具体执行的工作即刻开始，或加入待办文件夹，将不需要你做的或其实与你无关的邮件第一时间删除。

然后，去处理待办文件夹里的工作，完成后，将有价值的邮件保存到保存文件夹，将不需保存的邮件直接删除。

（3）办公桌

桌面整理三原则：

1）主副要分区

请举起你常用的那只手，对了，这边就是你办公桌的主区，请将经常要用的东西放在这边。

2）减少物品

出现在你桌面的，只能是你每天都要用的东西。

3）操作便捷

需要使用的时候，你应该只需一个动作就可以拿到它。这就要求桌面物品不能堆放，不能遮挡。

关于桌面文件整理需要注意的是：如果你的纸质资料文档比较多，那么可以好好地利用三栏文件筐了。靠近常用手的一栏，放置流动文件，包括尚未报销的单据，等待填写的表格，要转交给他人的资料……中间一栏放置参考文件，包括工作时常要参考的环境配置信息，常用联系人的资料，日常工作流程指南……最后一栏放置存档文件，包括已经走完流程的合同，历史记录或单据，已完成的会议或学习笔记……同时，各类文档保证定期处理及再归档。

（4）生活物品

工位情况在某种程度上就代表了我们在公司的日常形象，如果你想展示一个职业化的形象，强烈建议不要把生活物品摆放在工位。

因为，你的工位摆放什么，关注点就会是什么。

记得，**把东西移来移去不能叫作整理，它只能叫作移动。真正的整理，是从心开始的。**

根据极简主义的原则，你拥有得越多，越没有条理，被占用的心智空间就越少，越杂乱。所有的整理术，归根结底是在整理我们自己。整理的过程，就是一个和过去告别，让当下更加清晰，为未来的美好做准备的过程。

正如《怦然心动的人生整理魔法》作者近藤麻理惠所说：真正的人生，从整理之后开始。

五、想提高职场沟通力？先跳过这几个坑再说

昨天，一个实习生找到我，说我的沟通培训让他受益很大。他终于成功地约到了心仪已久的妹子吃饭，他还说经过可行性分析，是时候下手团购张星级酒店券了。

武侠小说里都是怎么说的？“少年，传授你武艺是为了让你行侠仗义的”，可是你们看，他居然活学活用去把妹！这真是枉费了我的心血，愧对了崇高的知识啊！我只想说一句：祝他能早日成功团购！

但是，虚荣的我在听到他反馈的一刻瞬间就飘了啊！你们说，

人最大的快乐来自什么？不就是看到别人因我们的存在而受益吗？所以，我一下班就去买了袋辣条打赏自己。

说实话，我从来不认为沟通本身是一件很难的事。**我们所说的沟通能力弱，大多时候不过是在表达性格内向，不敢开口，不愿开口……事实上，这些还不足以上升到沟通能力层面。**

真正有资格谈沟通能力弱的是那种他一张嘴，我们就想抽的人啊！仔细想来，谁身边还没有几个不会说话，一张口就让人想开启战斗模式的渣渣呢？

从本质讲，沟通能力强调的是一种双赢思维的能力，如何为自己，也为别人争取双方都感觉舒服的舒适圈，这才是沟通的重点。

毕竟，让别人喜欢比较难，让别人讨厌只是分分钟的事。所以，在飞升上神之前，避免让别人讨厌才是我们最应该苦心修炼的啊！

细数自己在职场这许多年软萌可爱跳下的坑，看别人津津有味吃过的亏，我终于可以把一些职场沟通的那些坑挖出来有一说一了：

（1）“忙吗？”

这句话我们几乎每天都能听到，一般都是沟通某项工作前的开场白。我只想说：发明这句话的人脑子一定有泡！因为对于这样的问题，我们怎样回答都是错啊！

“不忙，你说。”如果你们选择这样回应，我猜你们回答的时候一定感觉哪里怪怪的吧？快回头！有没有看到你的领导黑沉的长脸？我们的回答简直就是在告诉公司我们每天都在无聊发呆刷网页啊！

“忙吗？”“忙。”相信我，该说的事他依旧会说。同时，因为人都不喜欢被拒绝，他只会把我们的回答当作被怼并怀恨在心，友谊的巨轮说触礁就触礁，想想就觉得好可怕啊！

那么，当老板问我们这个问题的时候，我们到底该如何回答呢？很简单啊，你只需要直接回答他“就来”，就好了……

（2）“着急吗？”

我有次和市场部沟通网页改版的事，需求说清之后，对方问我“着急吗？”瓦咔咔，我当时就不知道怎么回答了。

我想说着急，但你们知道这意味着什么吗？这意味着我丝毫不体谅对方，全然不顾及对方的感受，我简直就是强势自大、自私自利、泯灭善良的无耻之徒啊！

别问我为什么不善良地告诉对方说我不着急，因为我真的很着急啊！

“着急吗？”这句话背后是深深的指责，谁会喜欢被指责的感觉呢？所以，和对方沟通Deadline才是正解！

（3）“马上”“还行”

面试过这么多人，你们知道我最讨厌的是哪种人吗？就是那种嘴里说着马上就到，身体却过了半个小时才出现在我面前的人！

比如，有次快午休的时候，一个应聘者打来电话说路上太堵了，对于迟到向我致歉，并说他正在往这边赶，应该马上就可以到。

我本来是要去吃午饭的，但听他说会马上到，决定善良地等他。结果，半个小时后，他才显露真身。可是楼下的凉皮牛筋面已经卖光了好吗？想起来就好恨！

每个人对“马上”这个词的概念都不一样的，我认为的马上是两分钟之内，你认为的马上可能是五分钟之内，还有一些变态认为的马上是半小时起步。

当然，类似的词还有“还行”“很快”“大量”……

嗯，对方不想和你说话，并向你扔来了一套“SMART原则”。

（4）“我以为……”

你们说，还有什么是比这句话更让人郁闷的吗？

你找设计沟通一个需求，最后的Demo（小样）根本就不是你想要的。你问他为什么重要的信息没有放上去，他说：“我以为这样就可以了啊！”

你让下属把报价仔细检查下，结果客户打来电话把你劈头盖脸地喷了一通。你责问下属为什么没有在发邮件前给你确认，她一脸傻白甜的样子说：“啊？我以为看一下就可以发了呢！”

上周，我和我的培训生们发火了。原因是我在培训室足足等了五分钟都没见他们现身。我问他们为什么没有准时参加培训，难道没有看到考核表上对于“守时”的评分标准吗？他们一脸无辜地回答我：“我们以为你会提前叫我们的嘛！”你们说，他们是不是以为我是他们的秘书啊？

我以为应该是这样吧！我以为没有必要吧！我以为这样就可以吧……每个人都有“我以为”的权力，问题是你能保证你以为的就是正确的吗？

如果所有事情都可以以“我以为”为导向去解决，那么人类将不再需要沟通。更吊诡的是，我们犯的大多数错误都是基于“我以为”。

心理学有讲，每个人生来就是自恋的，但自恋式的“我以为”并不代表“我正确”，OK？

（5）不要在任何网络社交平台上以“在吗？”开启对话

说实话，每当我看到QQ弹出这两个字我的狂暴模式就瞬间开启！要知道，人在面对未知的事情时，首先出现的是焦虑感，有事直说不好吗？更让人抓狂的是，当你回复他以后，他又半天没有动静了，过了半小时又是一句“在吗？在吗？”，想杀人啊！

（6）“！”

我敢说，你们收到的邮件里，最讨厌的就是这个标点符号了吧？

每当我在和别人的沟通中看到这个标点，说实话，我都会瞬间开启战斗姿态！因为我总感觉此人写邮件时处于一种非正常兴奋状态，并且带有明显攻击性。

感叹号本身代表“强烈的感情”。假设说话的人就站在你面前，句号是正常语速语调说话的话，那么感叹号就代表这个人在朝你咆哮。这个标点一般可以翻译为——“你这个蠢货，听懂了吗？”或者是“别废话，快照着我说的去做！”

所以，每当看到这个符号，我根本就不想再和对方沟通什么，只想和他开怼互撕。当然，作为致谢套餐的情况除外。

总之，若非必要，我是不会用感叹号的！！！

（7）“微笑”

对，没错！就是QQ、微信自带表情中的第一个！

说实话，我真的搞不明白为什么这个表情会被定义为“微笑”。这个表情根本就是传说中的皮笑肉不笑好吗？这根本就意味着一个要干死你的人对你投来奸诈的笑容好吗？

这个表情一点也不友好，当然，在特殊潜台词下格外适用，比如：

“我们的对话到此结束。”

“好气哦，可还是要保持微笑。”

“我就静静地看着你犯傻。”

“滚。”

总之，这是一个诡异度满星的表情，看遍人间冷暖，尝尽世态炎凉。

（8）“还没走呢？”

如果下班后你在办公室和同事寒暄，千万不要用到这句问候语。原因就不多说了，想分享给大家的是，我有次在洗手台和同事说完这句话之后，看到了我的老板走过我的身边，黑着脸，他黑着脸……

其实，以上几点都是建立在提高情商的基础上的。**不可否认的是，情商高的人，通常沟通能力都不会太差。**

有些时候，改变很辛苦，但不改变未来会更辛苦。当我们的能力还撑不起野心的时候，就静下心来努力。

成长的一部分就是你会不断地和熟悉的东西告别，和一些习惯告别。做一些和以前不一样的事。然后，成为那个更好的自己。

好吧，坑，我已经填平了，是要跑，要走，还是要匍匐，就看你们的啦！祝我们有朝一日都能在沟通上取得真经，修成正果！

六、用这样的方式开会，让你瞬间脱颖而出

01

上周，丸子正和我沟通培训需求的时候，被她的boss叫进去开

会了。

在我的课件写完的一小时后，萝卜大军陆续从会议室走了出来，一个个蔫头奄脑的，还有两个边走边打哈欠，那场面像极了一堆刑满释放的犯人刚刚出狱……

“烦死啦！”丸子刚一坐到我身边，就开始表达不满。

我问她：“怎么了？又布置了很多新工作？”

她说：“还不如布置工作呢！整场会下来，完全不知道大家都在说什么。”

我笑她：“智商又离线啦？”

她瞥了我一眼：“你知道吗？会议完全没有主题！而且，你知道吗？会议过程简直一团糟，大家都在各说各的，还有，你知道吗？这会开到最后，愣是没人知道开完之后要干吗……”

好吧，我想说的是，在她义愤填膺的声讨下，我很难假装不知道……

本着“时间就是生命”的原则，一场无效的会议对于参会的人来说，无异于一场集体谋杀。

所以，会议主持就应该被判死刑，立即执行——啪！

02

你们参加过这样的会议吗？

自己在毫无准备下，被临时喊进去开会。开就开吧，结果刚刚开始，张三就和王二麻子吵了起来，你和其他人坐在那里很是尴尬。俩人终于吵累了，你却发现这个会好像和自己根本没什么关系啊！你想起自己当天那些没完成的工作，默默在心里哀号，这会要是再开不完，今天又要加班了。整场会议你听得云里雾里，看看周围人的表情也都是一副生无可恋。好容易盼到领导发言，他清清喉咙："下面我补充几点啊……"

两个小时后，会议终于结束了。

说到企业管理，就会提到成本。日本太阳公司曾提出过一个关于会议成本的计算方法：会议成本=平均时薪×3×2×开会人数×会议时间（小时）。

公式中平均时薪乘以3，是因为劳动产值是高于平均工资的，乘以2是因为参加会议需要中断手头本该完成的经常性工作，所以损失以2倍计算。所以，参加会议的人越多，职位越高，会议时间越长，成本也就越高。

好想说，低效的会议我能不能就不参加了，把节省下来的成本打个八折年底发我好了。我的计算器呢？我要算算自己能不能一夜暴富……

大家都参加过同学聚会吧？你们有发现吗？每次同学聚会上，肯定有一个人会是整场聚会的中心。在不知不觉中，你们这次聚会的氛围、话题、节奏，全部都在他的引导下发生或完成。可能你不太记得他都说了些什么，但你知道，没有他，不行。

事实上，一场会议是否高效，在很大程度上取决于会议的主持人，他聚焦于会议是如何进行的。

在我的一个微信读书群里，有个男孩说自己用了一年半的时间，从收发邮件的小弟晋升到和美女老板一起出差的大哥。很污的我们本来以为他要讲的是一个让人发指的职场潜规则故事，没想到是一个励志向上的逆袭故事。

他说有次团队例会，主管临时有事不能参加，会议上大家七嘴八舌得让他非常受不了。于是，会议的下半场就在他的引导下高效完成。

因为会议特别有成果，于是大家纷纷举荐他主持部门会议，再后来是公司会议。后来老板发现了他的能力，各种会议都点名要他陪同。

用他的话说，这个世界哪有什么所谓的逆袭，不过都是努力之后的悄然崛起。

能够引导好一场会议，是领导力的重要体现。只是，因为还没有意识到这点，所以很少有人把它作为自我提升的发力点。

太棒了！当别人还在沉睡的时候，我们就有了充足的时间脱颖而出。

事实上，能否组织好一场会议靠的真不是现场的把控和发挥，而是从准备到结束的系统设计。

（1）明确会议的目的和目标

许多人总是因为搞不清目标和目的，而把它们等同看待。敲黑板，目标和目的是不一样的。目的是why，是我们为什么做这件事。目标是what，是我们通过做这件事想得到什么成果。

会议的所有环节及流程安排，都应该是围绕会议的目的和目标进行的。通过一场会议，希望实现什么价值，拿到什么成果，是应该最先思考的。如果目的和目标不明确，或者无法确定，那么这样的会议就没有召开的必要。

（2）会议通知

“什么啊？我不知道啊！”　“啊？我还没想好。”你一定在会议上听到过这些声音吧？太让人抓狂了有没有？所以，发送会议通知的时候，要把会议相关材料一并发送给每个参会人，提醒大家提前看资料并做好准备。走进会议室才开始思考，是会议浪费时间的最主要原因。

同时，发送会议流程安排，详细至每个时间段的任务安排，并且严格按照流程安排进行。当然，刚开始可以给每个议程稍微多留点时间，否则很容易就超时。同时，最好每个会不要超过2小时，1小时以上的会议，中间留好休息时间。毕竟，人们专注的时间有时候可怜得有限。

行家一出手，就知有没有。看，你的专业度在会议还没有开始前，就已经爆棚了！

（3）流程工具

对于非例行会议，如果想要得到清晰有效的结果，就必须借助一些流程和方法。否则，很容易就变成了七嘴八舌的萝卜开会，看似每个人都在讨论发言，可是会议结束的时候，大家却完全没有达成一致，甚至连最基本的会议产出都没有，群英开会变成了组团吐嘈大会。

有很多会议是非例行会议，会议产出就变得尤为重要。在引导领域，有很多流程工具可以保证会议的高价值产出，在这儿，分享我认为最好用的两种。

1）分散和聚焦

①确定会议要讨论的议题，可能是梳理一个项目中遇到的各种问题，也可能是一项工作的解决办法。

②利用头脑风暴发散思维。头脑风暴一定要遵循以下原则：

（a）每个人写下自己的所有想法，由你负责粘贴上墙。在上墙的过程，你会发现许多想法是相同或相近的，将它们贴在同一列。需要注意的是，是否归于同列不是由你决绝的，而是需要征得每个人的同意。

（b）邀请每个人将同一列内容概况总结成一个新的词语，这些就是之后工作的重点内容。

至此，在你们的共同努力下，达成了共同的会议成果，这就是先发散后聚焦的威力。当然，这个方法也可以用先聚焦后发散的方式逆向使用：

①将议题确定聚焦范围，比如，如果会议是讨论影响销量的原因，就可以列为内部原因和外部原因，如果是讨论企业文化如何落地，就可以列为需要管理者做的和需要员工做的两部分。

②对每一项内容分别进行头脑风暴。

③汇总结果，持续落地。

2）ORID

你们在会议上有没有遇到过这样的时候，领导抛出一个问题，然后整场的氛围陷入了死一样的寂静，好尴尬啊，有没有？你们看，如果问题问得不对，就很容易被拒绝回答，或者根本不知如何回答。

ORID，也叫焦点呈现法（Focused Conversation Method），是一种聚焦的方法。通过从事实、感受、分析到行动的过程。

在会议过程中，通过逐级提问，由浅到深地得到会议成果和共识：

O：事实（Objective），是指发生了什么。可以是资源、发生的事情、听到的声音等一切客观的存在。

R：感受（Reflective），是指感受到了什么，是客观事物给内心带来的体会和感想。

I：解释（Interpretative），是指想到了什么，在理智层面诠释事情的重要性和意义。

D：决定（Decision）， 是指决定做些什么，将想法落实在具体行为上，并形成行动计划。

在研讨型会议上，ORID是最好用的一个过程工具。透过一层层的提问引导，可以让每一位参与者分享想法，协助团队步调统一，一起解决棘手的难题。

（4）会后追踪

一场会议，决不结束在宣布结束的一刻。会议的结果一定要落实在三点上：事件，事件负责人及时间节点。

对于会议上确定的方案或行动计划，之后一定要进行追踪，保证会议成果转化落地。

（5）一些重要的原则

1）保证会议准时

邀请参会人提前5分钟到场，并保证会议准时开始。不要因为个别晚到的人拖延开始时间，要知道，早到的那些人才是你的忠实“客户”。如果你总是想到所有人都到齐才开始会议，晚到的人就会发现，其实晚到也没什么，原本准时的人会觉得没必要准时，反正你也会等……然后所有人都到得越来越晚……

2）提前确定会议规则

在会议开始前，利用五分钟时间邀请在场的人一起制定会议规则。比如会议不准超时，只补充不反对，每个人都要发言……只有自己承诺的，自己才愿意遵守执行。

3）主持人保持中立

很多时候，会议主持人所承担的是一个引导者的角色。这就要求他的角色是中立的，对每个人的发言无偏见，不评判，支持每个人尽其所能地思考和实践。

最后，愿看到这篇文章的你们，都能成为公司无聊会议的终结者，解救万民于水火。也希望下一个陪女上司出差的那个人，是你。

七、如何成为一名自由又有财的斜杠青年

等地铁的时候，刷到饼饼先生的朋友圈：我宣布，我自由了！配图是他的一张恶搞自拍照。因为我们彼此很熟，所以我知道他所说的自由，指的是经济自由。

认识饼饼，是在上一家公司，当时他还是销售部的助理，每天的主要工作就是制作PPT。因为他对PPT本身很感兴趣，每套PPT都做得特别用心，经常为了做好一个动画，连午饭都忘记吃。当时我们和他开玩笑说：“为了工作饭都不吃了？饼图能吃不？”好吧，这之后他就变成了我们的“饼饼”。

有次，公司签了一个110万的单子，客户当时和客户经理说：“这个单子110万，我有40万是给你们的PPT的，做得真的是我见过最漂亮最专业的PPT！”

半年过后，饼饼在公司总部都已经小有名气，许多同事把他介绍给自己的朋友帮忙做PPT，客户也经常把他转介绍给另外的客

户，帮助他们制作一些商业路演的PPT。当然，这些都是有偿的。饼饼不但积累了很多原始客户，还攒够了人生第一桶金。

他后来学习了很多课程，做了更多的事。运营自己的公众号，做微课，开办线下课，投稿，写书……他曾说，如果有天自己的粉丝超过5000人，他就算真正地自由了。

看到饼饼的朋友圈，我想他的梦想实现了，PPT设计制作者/公众号流量主/讲师/作家，饼饼俨然已是一名斜杠青年，而每一个斜杠都为他吸引了粉丝，也带来了收益，他终于可以不想做什么就可以不做什么了。

专栏作家玛希·埃尔博尔在2007年写了一本书，叫作《多重职业：让工作和生活获得双重成功的新模式》。写这本书的动机是她发现在纽约很多人都不止拥有一种身份，每当被问到“你是做什么的”这类问题时，他们并不能用一个完整的词介绍自己的身份，而是用“斜杠”来区分不同的身份，这就是“斜杠青年”一词的由来。

许多大咖级的人物是斜杠青年的先行军：

韩寒：作家/导演/作词/赛车手；赵薇：演员/老板/导演；王思聪：投资人/游戏咖/国民老公；李笑来：英文老师/程序员/创业者/投资人……你们看，这些人就是传说中的“杠精”——斜杠青年里的精英。

你身边一定也有很多这样的人吧？工作的时间，他们全心投入工作，下班之后，他们会学习手绘，专情于瑜伽，分享手账，写育儿文章，做自己的公众号，做游戏主播，运营微店，做淘宝主播，拍抖音视频……自由职业平台“自客”的CEO文双说，未来中国1/3的人都会变成多重职业者，每个人都有多重身份。

我们越来越追求多元化的人生，越来越想要探索多元化的自己。这促使我们可以重新定义和规划自己的时间，每个人的身份都早已不能再单一定义。

这是一个经济共享的时代，媒体已经变得去中心化。新浪微博和微信公众号已经作为新媒体的形式出现，打破了原有的信息传播方式，自我营销已经变得非常容易。就像马特·里德利在《理性的乐观派》里曾写道：“我们兴许很快就会生活在后资本主义、后公司的世界了，个人可以自由地临时聚到一起分享、协作和创新，互联网会帮助人们在世界各地寻找雇主、员工、消费者和委托人。”

（1）斜杠的本质

最近新来的实习生晓可是一个特别勤奋的娃，白天在公司工作很认真，下班之后跑去超市做理货员，周末的时候在婚庆公司做现场布置。

她有天问我自己算不算斜杠青年，我顿时脸上斜线三条。

事实上，斜杠并不是简单的身份叠加，项目助理/超市理货员/会场布置……这样的身份叠加得再多，也不过只是兼职。同时，这样的兼职太过碎片化，完全没有交集，这实际上是把本用于更高价值的时间，肤浅地用来变现而已。

我认为真正的斜杠有两种：

1）深耕细作后的逐步叠加

一种是在某一领域深耕后的结果。从第一个身份开始，从优秀到卓越，慢慢地发展出第二个身份，第三个身份……在每个领域都轻车熟路的时候，就会更好更多地融合各种资源。这样的人，不一定每个领域都需要做到专精，但他一定是通过一个领域的专精，带动其他领域顺势变强。

比如90后著名网红李叫兽，先是做培训师，通过在培训上经验的积累和案例的分析思考，开始做咨询，又通过做咨询积累的经验和人脉成为企业家，后来随着知识付费时代的到来，成功转型知识网红。但是，不论他的身份到底是什么，底层的专业度和能力才是他所有成就的坚实砥柱。

斜杠是一个结果，而不是一个起点。通过在一个领域的深耕和专精，进而带动其他领域一并发展，才是最高级的斜杠。

2）追求多元人生

有些人爱好广泛，思想独立有主见，喜欢冒险和尝试新鲜事物，他们希望在保持收入的同时还能追求和发展更多的爱好，可能无关收入，但他们能在平衡工作和生活的同时，感受到生命的丰富。

我身边很多人都因为“斜杠青年”这个概念的出现，开始专注快乐地培养和发展自己的兴趣爱好了，比如插花、肚皮舞、摄影、播音主持……

他们的人生因此变得更加“麦当劳”了，因为更多选择更多欢笑啊……

那么，如何确认自己是一名斜杠青年还是只是在肤浅兼职呢？很简单，就是当你和别人分享自己的身份时，如果自豪感爆棚，需要用理智提醒自己要低调的话，那么恭喜你，你已经是斜杠青年的一员了。

（2）如何成为自由又有财的斜杠青年

1）专精

想起金星有次在《金星秀》节目中，曾询问岳云鹏是如何看待自己从相声界跨界到娱乐界、影视界后如此火爆，以及如何看待自己相声演员/影视艺人等多重身份的。岳云鹏说：不管在哪里，德云社的相声舞台才是自己的根，大幕拉开就能说自己的相声。

开启斜杠之路的过程，是一个从0到1的过程，先专精于一个职业，积累足够迁移的能力和资源，然后再实现突破，发展出第二个、第三个职业。

彭小六曾分享过确认职业领域的三个纬度：天赋、能力和时间。有些事情，别人做起来很费劲，你却轻而易举就做到了，这就是你的天赋。同时，你也具备了一定的基础能力，又有相对充裕的时间，就可以把它当作你开启斜杠之路的出发点，然后通过刻意练习持续精进。

你也可以对标一个相同领域的斜杠大神。用一条直线代表时间轴，然后标记出他每段时期内所做的事情和取得的成就，找到他的破局点和转折点。再结合他的发展轨迹，思考自己该如何做。

我们先做一个猎人，找到自己最应涉足的领域或行业，然后再做一个农夫，深耕细作。

2）产品思维

当你在一个领域轻车熟路的时候，你就应该问自己，在你所做的事情中：

可以作为一款产品输出的是什么？

有哪些人群对你的产品感兴趣？

你的产品能解决他们什么问题？

你的产品不一定有多么高大上，小而美也是很好的开始，它可能是一个课程，一本书，一次咨询……你也不要等它完全成为你期待的样子再开始，因为你可以在进行的过程中不断迭代完善，打造爆款。

3）多平台并行

自媒体时代使得我们每个人都轻松拥有展示自我的机会，当然，也正是因为轻松，所以展示自我的人也越来越多。在这个时候，你的酒再香，也不会有人来寻，因为他已经在别的酒铺喝多了……

不管任何领域，写作是最容易的分享方式。除了微信公众号，还有很多平台适合分享，比如简书，今日头条。如果你在某方面足够专精，可以在知乎付费解答，除此之外，“分答”也是一个很好的付费平台。当你的阅历和经验足够丰富的时候，就可以在“在行”等平台做咨询，同时也可以约见各行牛人，和他们学习更多东西或者实现资源互换。

4）自律

斜杠青年在很大程度上代表着自由，但很多时候我们都误解了这种自由，以为那些人真的是想做什么就做什么。

我只想说，快停止你的幻想，事实根本不是这样的好吗？

因为经常给独舞姑娘的公众号投稿，于是我们就成了朋友。说实话，她真的是我所有认识的人当中活得最精彩的一个！

独舞姑娘久居墨尔本，完成学业的同时，还运营自己的公众号，写作出书，同时还是一名南澳旅行体验师。每次看她的朋友圈我都羡慕得心跳加速，瞳孔放大。跳伞、潜水、旅行、美食……

这是我们眼中的自由吧？了解后我才知道，独舞姑娘经常要在一天的学习后审核公众号的大量投稿，写文排版，总结当日状态并分享，每天阅读，熬通宵写游记……用她自己的话说，每天的平均睡眠基本在三小时左右，有好几个晚上，她写着写着就睡着了。

真正的自由来自自律。工作状态自由的人，一定是一个高度自律的人。

将“斜杠青年”引入国内的第一人Susan Kuang在《斜杠青年》里曾说道：世界是多元的，所以你可以有一元的人生，也可以有二元的人生，甚至可以有五元的人生。关键在于，我们只能活一生，所以我们有资格要求活出属于自己的人生，唯如此，才是对自己真正地负责。

每一个人过上自己想要的生活，都会经历两步，第一部是在大脑中想象直接想要的未来；第二步是经过努力，真的过上了那种生活。

不管你准备以什么样的姿势和速度开启自己的斜杠人生，把它真正地付诸行动并探索才是最重要的。因为我们追求财务自由的最终目的不是为了获得最大化的财富，而是为了摆脱财务的束缚，获得身心的自由。

八、写作变现：一切没有你想象的那么难

01

罗振宇曾说：“职场，或者说当代社会，最重要的能力是表达能力。因为在未来社会，最重要的资产，是影响力。影响力怎么构成？有两个能力：第一是写作，第二是演讲。”

如果说在互联网时代之前，通过写作打造个人品牌是一个奢侈的想法的话，那么在这个去中心化的新媒体时代，通过写作打造个人品牌已经是最简单最主流的方式了。只要你有好的想法，好的内容，你就可能被全世界看到。

据腾讯统计，目前注册的微信公众号已经达到了800万个，依靠微信公众号的自媒体平台，即便你不是头顶光环的大咖，不是世界500强的高管，几乎每个人都可以通过开通公众号表达或传播观点和内容，用写作向世界表达自己。

李笑来老师曾在北京一次地面分享会上掷地有声地说：“你要相信，就在未来这几年，个人品牌价值的增幅至少是房价涨幅的10倍。”

最近一两年的时间，许多靠内容输出的人迅速崛起了。他们写一篇软文的收入可能相当于我们一年的工资，他们通过写作建立了更多更优质的人脉，从而加快了自身品牌的价值。这是互联网的红利，我们用更低的成本，就能最高效获取成就，在这样的趋势下，我们要做的就是不要把自己封闭起来。

写作从本质上讲，也是创业的一种形式，而且是成本最低，风险最小的让普通人实现逆袭的方式。写作不止可以在深度上加速一个人的发展，也会发挥资源撬动力，通过连锁反应将更多的发展和机会滚动到你面前。

02

说实话，我虽然喜欢写作，但从没有敢想过有一天我会出书，更没有想过写作可以作为我收入来源的一部分。

骄傲的是，在我初二那年曾经在《东方少年》上发表过一篇文章，记得当时还领了稿费，多少钱我不记得了，但我记得我用这笔钱买了一个蛋糕为自己庆功。现在想想，如果当时我有韩寒的志向，相信自己可以靠稿费养活自己，那我至少可以早十年在北京买房了吧？

大学的时候，感觉时间特别充裕，当然这是建立在我不那么好好学习的基础上的。空闲的时候我开始在新浪微博写字，当时有了一定量的粉丝。不过后来因为初入职场后工作的应接不暇，在写作这件事上，我又戛然而止了。

再开始写的时候，是十年后。那时候休产假在家，每天不用上班还有工资拿的感觉简直爽翻天啊！于是我就开始在各个平台学习微课，在阿何老师的一次写作训练营微课上，我又一次打算开启写作生涯了，而且决定这一次，绝不放手。

我在2016年的时候，入驻简书写作平台并开始写字。在当时，如果文章想上首页，是需要编辑大神人工审核的，每次投稿我都内心忐忑，那种感觉就像在等待宣判。让我激动不已的是，我在简书第三次发布的文章，就被编辑推上了首页。我当时美啊浪啊，觉得简直甩下了别人几光年。

结果，随后的几篇都被枪毙了。那阵子我的状态特别不好，那种状态就像朴树在《去见横河》里说的那样，不断地在怀疑，第一天觉得自己是国王，拥有一切，但第二天觉得自己什么都不是……

好在经历了内心的跌宕和焦灼后，我没有放弃。不是因为我的内心有多强大，我只是相信只要不停下，就是前进。

在之后的一年，我不停地学习，拼命地阅读，不断提升自己的写作能力。我在简书一共写了148000个字，获得了5114个喜欢，平均每写30个字就被喜欢一次还是很让人欢呼雀跃的。

我后来开通了微信公众号，但运营公众号对我来说是件很难的事，因为初为人母，加上朝九晚五的工作，我很难有时间去保持定时推送。就连我的公众号的欢迎语都是：感谢你的关注，我是懒癌晚期，下一次推送可能是明天，可能是下个月，也可能是明年……

我通过写作变现的主要方式是投稿和线上分享，相比被读者不停地追问什么时候更新，为什么好久没有写东西，自己去规划精力和时间，是当时最适合我的方式。

我通过给各大公号投稿认识了独舞姑娘，她喜欢我的文字，于是把我的文章推荐给出版社的编辑。在确定大纲，通过了样稿审核后，就有了今天的这本书。

我和独舞姑娘因为文字而相识，她曾说："我其实并不了解你，也不知道自己帮助的是怎样一个人，但我喜欢有才华的人。"许多时候，人与人的关系其实并没有你想象的那么复杂，能够让别人信任，并且不辜负这份信任，就已然足够。

我想，在写作变现这条路上，我是一个学习者，但我希望通过我的分享，让还没开始的你有尝试的勇气，让已经开始的你走得更快更远。

（1）笔耕不辍

写作是一件长线的事，你不能指望通过一篇文章就名声大噪。许多看似轻易就写出10万+爆文的人，其实背后付出过很大的努力。

我经常看到X姑娘在朋友圈推送自己10万+的爆文，不知道的人以为是她天赋异禀，而我却知道她参加写作训练营的时候，被毙过多少次稿。

写作是一种能力，凡是能力，都是可以通过不断学习和实践提升的。重要的是不要停，尤其是在刚开始的时候。每一个才开始写作的人，都是因为对未来的期待，同时自己的写作能力还不是那么强，这个时候最容易自怨自艾，也最容易因此而放弃。要知道，黎明前是最黑暗的时候，而只有坚持下去才会看到曙光。

与坚持相比，更高级的姿势是热爱。写作是自我成长最好的方式。当你真正开始写作，你就会发现自己看待事情越来越多角度且犀利，你的心智变得越来越成熟，思想变得越来越独立。

互联网不会埋没任何一个人才，那些比我们更成功的人不是因为机遇和运气，他们只是在我们喊“不要啊”的时候，告诉自己“不要停”。

（2）确定写作领域

一个人关注了你，一定是因为你写的内容是他需要的，或是对他有帮助的。这就意味着我们需要确定自己要深耕的领域，积累粉丝和读者。

你不能今天写PPT技巧，明天又去分享育儿心得，不能才发布了一篇鸡汤，转头又更新一章小说。毕竟，关注你的人是相信在某一方面你可以让他们信任，或是可以帮到他们。

不断变换内容轨道，只会让粉丝感觉自己的注意力被浪费了，认为你写的内容和他没有什么关系，然后取关你。粉丝也会因为看不清你而不再信任你，而建立自品牌的根本就是展现个人魅力。

如果你写作完全是因为单纯的喜欢，那么你写什么都可以。如果你不只喜欢，还希望通过写作变现带来一定收益，那么你写作的领域就应该是兴趣、专业、市场需要三部分的交集。

（3）选择平台

简书是一个很好的写作平台，平台注册者的素质都比较高。至少从我入驻简书以来，没有看到过这个平台有任何不雅的评论，甚至没有看到过广告。

简书的专栏划分得也比较多元，这样就可以有针对性地书写和在专栏投稿。每个专栏有专门负责审核稿件的编辑，稿件一旦通过，就会登上专栏首页。

简书有签约机制，如果你的文章足够好，他们的运营团队会主动联系你签约出书。

除了简书，微信公众号、头条号、知乎、豆瓣、百家号、企鹅号等也都是不错的平台。不需要贪多，先专心在一个平台上做好。因为平台之间都是互通的，当你在一个适合自己的平台做好之后，入驻其他平台就会变得非常容易。

（4）变现方式

1）垂直输出

做好公众号的内容，将全部精力放在文字上，通过文字吸引粉丝。当你的粉丝成千上万的时候，广告主爸爸们就会上门找你，广告点击会带来一些收入。当你有几十万粉丝时，广告商们就会找你帮忙推广告，一般每条广告3K～20K不等。

2）投稿

投稿变现的好处，就是能给写作带来持续的动力。你可以边学边写，以写养学，同时还可以赚到一些钱。

进入微信各大公众号，一般都可以找到投稿信息，然后投就对了。有一些初创新号，因为刚刚开始运营，所以投稿的通过率比大号要高很多很多。

如果你刚开始写作，建议你从新号开始。类似“全网投稿平台”“约稿投稿平台”这样的投稿类公众号，会每天推送各公众号的征稿信息，费用和标准，明码标价，童叟无欺。

3）接软文

当你的实力够了，就会有人来勾搭你写软文了。如果没有，你又想尝试的话，可以在QQ群里搜索“软文”“文案编辑”代写等关键字，不过在搜索的过程中，需要谨慎。

4）做课程

如果你有基础，有经验，已经具备了某种技能，你就可以把自己的职业技能写出来分享，然后做成课程。喜马拉雅、唯库、荔枝微课、有讲、千聊、微信群……都是可以尝试的平台。

5）出书

相对其他来说，出书是最不容易赚看得到的钱，但它会带给你深层次的潜在价值。你可以通过出书提升自己的影响力，这可以使你更容易签约各平台，可以为你的公众号吸引更多粉丝，也可以让更多的人信任和选择你的课程，甚至可以是你跳槽时薪资翻倍的可能……

（5）不断学习

写作是一个输出的过程，如果你没有足够的输入，就会发现可以写的东西越来越少。你只有通过不断地学习，才能保证有效地输入。阅读，线上课，写作群，研究大咖……都是非常有效的学习方式。

茨威格的遗言中有一句话："写作者的生活，是人世间最简约、最本质、最富有的生活。它不需要过多的人生成本，只要你愿意，就能做得到。"

如果你想写作，那么现在就可以开始。如果你连一个字都还没写，就怀疑自己不行，我只能说，你懒惰程度之深，已经到了不屑对自己进行残忍否定的地步。

摩西奶奶77岁才开始学画画，共创作 1600 多幅作品，被收入白宫。

农民马慧娟按坏了7部手机，写出了40余万字的散文随笔。

姜淑梅老人60岁才开始认字，75岁开始写作，81岁的时候已经出版了四部小说。

人生随时可以开始，人生随时可以重来。

九、终身学习

01

我一直都觉得自己是一个热爱学习的人。所以，我一直以来的信念都是：我智商低怎么了？我爱看书啊！我反应慢怎么了？我爱看书啊！我矮矬怎么了？我爱看书啊！一想到这些，我就会乐到膨胀。

可是，我说过吧？在读书这件事上受到过严重伤害。

几年前，闺蜜有天来我家找我，一进门她就跑去我的书柜：“我天，你的书又多了！”

瞬间存在感爆棚啊！佩服吧，愚蠢的人类！

接着，她拿起《把时间当作朋友》问我这本书怎么样。我说，嗯，挺好的。她翻翻放下，又拿起本《深夜加油站遇见苏格拉底》问我怎么样。我说，这本也挺好的。

她放回第四本书的时候终于受不了了：“为什么拿起哪本你都说挺好的啊？”

是啊！为什么我哪本书都想不起来啊？

那天起，我开始陷入了自我怀疑中，我怀疑自己到底是不是真的读过那些书。我人生第一次觉得，书读了再多也没有用。

咳，当然这并不是因为我发现自己读了许多书之后依旧是一个智商不高的矬子，而是我意识到自己读过后什么都不记得。

我甚至认为曾经花了那么多时间在读书上，简直是对人生的浪费。

我变得失望，沮丧，想打小怪兽。

02

决定不读书了，我就开始刷微信，刷微博，看视频……说实话，那段时间真的感觉整个人是放荡的啊！

直到花有颜有天说感觉我和以前不一样了。我以为是因为自己变美了呢，结果她眉头皱得像朵菊花：“怎么感觉不到你灵魂的香气了？”

她的这句玩笑话让我幡然醒悟：虽然我总是记不住书里的内容，但所有的文字早已成为了我的一部分。

白岩松曾在《白说》里写道："在生命的不同阶段，不同的书籍给你填注了不同的营养。有趣的是可能你都把它忘了，但是在遇到某一个事情，或者思考某一个问题的时候，你曾经读过的一本书，还会再次帮助你和激活你。"

就拿培训说吧，我总能根据所学设计出新的课件。被学员问到各类问题，我几乎都能瞬间在头脑中搜索出有用的信息。这些，都是阅读带给我的。

再比如在简书写作，10万+的文字和5000+的喜欢就是我的收获。如果没有输入，又怎么会有这些输出？

想明白了就不再失落，我开始学习各种高效阅读的方法，并立志做一个终身学习的人。

曾经看过纪录片《成为沃伦·巴菲特》中，它陈述了这样一个事实："一个人一生如果想要获得过人的成就，注定与读书和终身学习形影不离。"

巴菲特是通过一生的专注和终身学习，才成为了世界首富。他的合伙人查理·芒格曾经这样评价过他：

"我这辈子遇到的来自各行各业的聪明人，没有一个不每天阅读的——没有，一个都没有。而沃伦读书之多，可能会让你感到吃惊，他是一本长了两条腿的书。"

《爱丽丝梦游仙境》中，红心皇后就说："要知道，在我们这里，要竭尽全力地跑才能保持原地，如果你想到别的地方去，必须跑得比现在快一倍。"

每一个成功的人身上都有一个共同特质，他们都是终身学习者，都对知识有着难以名状的渴求，而阅读，是成本最低，最容易坚持，也最有效实现终身学习的方式。

03

前几天面试了一个女孩，说实话，在经验上她并不是所有面试者中的最优选。然而，当我问到她是怎样看待职场压力的时候，她谈起了《活着》。当我问到她的优缺点时，她聊到了《发现你的天赋》。

我想说，和这样的面试者沟通简直太爽了！

阅读，提升的是我们的认知，拓宽的是我们看待事情的角度，完善的是我们的思维方式。

与本身的经验相比，后者更加重要，它打造了一个人的核心竞争力与不可替代性。

韩寒说：这个世界变得太快，快到都来不及下载。于是，人们变得越来越急迫，越来越功利。

“旅行有什么用？最后还不是回来过生活。”

“怎么样了，你的画现在能卖钱了吗？”

“呦，听说你在写小说？有稿费吗？”

要知道，任何事情，只要我们就意义一直追问下去，最后都会成为相对无解的哲学命题，也就真没啥意义了。

国民男神胡歌车祸后开始了大量的阅读，难道读书会止住他身体的伤痛吗？会修复他脸上的疤痕让他变回李逍遥吗？

不会。

然而，在那段最低潮的日子里，是阅读让他找到了生存的意义，陪他度过了人生最艰难、最灰暗的时光。

他曾说，“那些不演戏的日子，我会把自己丢进书堆里，作为一个读者，就像做一个演员，都在经历着别人的故事，却能影响着自己的人生。”阅读后的沉淀，使他突破了自己，华丽蜕变。

在我们所有困厄的时光里，学习带来的不只是希望的光亮，还有破茧的力量和勇气。

04

前几天刚刚读完《百岁人生》，作者从全新的角度对我们的人生规划提出了问题：如果我们的生命会很长，那么我们该如何度过自己漫长的一生？

加利福尼亚大学等研究机构给出的最新权威数据显示，从1840年开始，人类的寿命就开始递增。从2001年到2015年，人类的寿命增加超过了五岁。也就是说，我们很有可能活到一百岁。

一百年意味着什么？意味着许多企业，甚至许多行业都不存在了，意味着大量职业将被人工智能取代。这种剧烈的变化节奏要求我们必须不断清理自己的旧知，不断地自我更新。

在百岁人生的模式下，如果不想自己被时代的抛物线甩出三界之外，终身学习就不再只是一个概念，而是我们每个人唯一能够生存下去的途径。

当一件事变成“必须”的时候，就容易让人变得被动和抵抗。可是，我们却常常舍本逐末地为了抵抗而抵抗，远离了最初的那个自己。

我们蹒跚学步，从没有因为一次次摔倒而想要放弃。

我们把饭吃得浑身都是，从没有因此就自怨自艾。

我们倾听父母的声音，从没有因为听不懂而焦躁厌烦。

学习，是人类的本能，我们生来就对事物抱有好奇。当我们还是孩子的时候，我们玩耍，思考和向往，而当我们长大成人后，却开始变得缓慢下来。

之前在优酷看到一个国外采访视频。在一家咖啡厅，当视频中的主人公问道：“你长大后想做什么的时候”，每一个被采访的人或者诧异得目瞪口呆，或者惊奇得哈哈大笑。

我们是从什么时候开始，认为自己已经不再成长了？

一个人不再年轻的标志，不是年龄，而是他停止了学习，不再成长。

我们每多掌握一项新的技能，就像重生了一次，每一项所学的技能，都会为我们打开一个不同的世界。事实上，我们每个人都原本并非拥有一辈子，只不过大多数人放弃了而已。

不管我们是否承认，这个世界正在悄悄犒赏那些终身学习的人。他们变得越来越成功，走得越来越踏实，活得越来越有趣，他们正悄悄成为更好的自己。

水不见痕，凉意犹存。日拱一卒，功不唐捐。

《最强大脑》的科学判官魏坤琳在《认知尺度》里提到“知识复利效应”，就是说，我们以为学习就像加法，像一条线那样平缓，但其实学习是乘法，像一条曲线一样，积累到某个阶段会呈指数级突飞猛进。

践行终身学习的人可能开始走得很慢，甚至有时候显得有点笨拙，但在人生长途上，他们终会因为对未知永远抱有热忱和好奇，不断地探索着这个世界和自己。他们会冲破九阳神功的第九级，产生爆炸性创造。

查理·芒格曾说："有一个相关的道理非常重要，那就是你们必须坚持终身学习。如果不终身学习，你们将不会取得很高的成就。我不断地看到有些人在生活中越过越好，他们不是最聪明的，甚至不是最勤奋的，但他们是学习机器，他们每天夜里睡觉时都比那天早晨聪明一点。"

就像李宗盛的那首歌唱的一样：

> 这世界是如此喧哗，
> 让沉默的人显得有点傻，
> 这些人是不能小看的啊！
> 如果，
> 你给他一把吉他。

没有比脚更长的路，没有比人更高的山。只要持续成长，一切都在意料之中。